历史名人

与

白鹿洞书院

滑红彬

著

江西人民出版社

全国百佳出版社

图书在版编目（CIP）数据

历史名人与白鹿洞书院 / 滑红彬著 . -- 南昌：江西
人民出版社，2024.4
ISBN 978-7-210-15467-9

Ⅰ．①历… Ⅱ．①滑… Ⅲ．①白鹿洞书院—教
育史 Ⅳ．① G649.299.564

中国国家版本馆 CIP 数据核字（2024）第 094100 号

历史名人与白鹿洞书院
LISHI MINGREN YU BAILU DONG SHUYUAN

滑红彬 著

责 任 编 辑：吴艺文
封 面 设 计：章 雷

 江西人民出版社 出版发行
Jiangxi People's Publishing House
全国百佳出版社

地　　　址：江西省南昌市三经路 47 号附 1 号（330006）
网　　　址：www.jxpph.com
电 子 信 箱：jxpph@tom.com
编辑部电话：0791-86898470
发行部电话：0791-86898893
承 印 厂：南昌市红星印刷有限公司
经　　　销：各地新华书店

开　　　本：710 毫米 ×1000 毫米 1/16
印　　　张：12
字　　　数：200 千
版　　　次：2024 年 4 月第 1 版
印　　　次：2024 年 4 月第 1 次印刷
书　　　号：ISBN 978-7-210-15467-9
定　　　价：58.00 元
赣版权登字 -01-2024-162

前 言

昔人读书处，町疃白鹿场。

——（宋）朱熹

位于庐山东南麓的白鹿洞书院，背倚五老峰，前瞰鄱阳湖，山川佳胜，钟灵毓秀。唐代中期，李渤在此隐居读书，肇启书堂。南唐初年，朝廷设立庐山国学，振兴文教。进入北宋，白鹿洞书院以其长久的办学历史和辉煌的教育成就，名列"四大书院"之一，享誉华夏。南宋时期，朱熹大力兴建白鹿洞书院，制定著名的《白鹿洞书院学规》，完善书院各项制度，使白鹿洞书院成为全天下书院办学的样板，极大地推动了后世书院的建设和发展，其影响力涵盖了包括日本列岛、朝鲜半岛、琉球群岛、中南半岛等在内的整个汉文化圈，被誉为"天下书院之首"。

呦呦鹿鸣，声传于今。在一千多年的发展历程中，白鹿洞书院留下了众多学术大师的足迹，培育了一代又一代的莘莘学子，创造出众多饱含先贤智慧的文献，积累了丰富而深厚的文化底蕴，成为中华优秀传统文化的重要组成部分，至今仍具有广泛而深刻的文化价值。

白鹿洞书院的历史，在一定程度上，就是传承中华文脉的历史，就是薪火相传的历史，就是一位位鲜活的历史人物孜孜矻矻、献心教育的历史。他们当中有关注和支持书院建设的地方官员，有参与书院管理和教学的洞主及教师，有登坛讲学的学术宗师和文坛巨擘，有勤奋读书从而实现人生价值的优秀学子……　正是他们把人生中绚烂的片断留存在此，才最终汇成白鹿洞书院辉煌的历史和厚重的底蕴。

本书选取二十九位历史人物，讲述他们与白鹿洞书院之间的渊源，表彰他们对书院发展作出的重要贡献，从而揭示白鹿洞书院跨越千年的风华，以及千古不磨的精神。希望能够借此昭示前贤的功绩，并启迪后来者再续新篇。

面对众多历史人物，无论如何选择都必然挂一漏万，留有遗憾。更何况作者心有余力，而才能有限，文字之间必然多有讹误，敬请各位读者批评指正。愿以拙著起到引玉之效，若能使越来越多的各界人士关注白鹿洞书院的发展，将是作者最大的愿望。

目 录

李渤

白鹿洞的起点

白鹿洞的历史要从李渤开始讲起。

李渤（773—831），字濬之，祖籍陇西成纪，生长于河南洛阳。其远祖为后魏横野将军、中国公李发，其父为唐代殿中侍御史李钧。李钧因为孝行有亏，受到舆论的谴责。李渤对此深感耻辱，不愿意以门阀荫封入仕，于是和兄长李涉一起南下庐山，隐居读书。

在唐代，士人隐居山林、读书习业的风尚特别兴盛。特别是武则天擅权之后，士子读书山林的现象越来越多，蔚然成风。严耕望先生认为书生习业山林的风尚大盛于唐世，其原因有五：一、经学衰，文学盛。武则天擅权之后，广开文士仕进之路，侧重诗赋的进士科越来越为世人所重，故讲授经业的官学顿废，而"诗文习业，所赖于师承者少，所赖于环境之陶冶者则甚大，且群居不必多人，故深山邃谷最宜习业"。二、世家大族之没落与平民寒士之进用。世家大族随经学衰微而没落，由经学及荫袭而入仕者越来越不为所重，政治人才唯进士科第一途。进士科第相对公平，寒士亦可凭借文章跻身仕途，甚至致位卿相。"平民寒士得此诱发，自多习进士业者。然彼辈家屋仄陋，不宜习业，势必择山林静境建茅以居，尤贫困者更唯寄寓寺院随僧洗钵。故进士科第愈盛，习业山林寺院之风尚亦愈炽。"三、佛教鼎盛。佛门之内人才济济，当时第一流思想家多为佛家，不仅精于佛典，而且擅长诗文，故士人乐从游学。唐代佛教寺院遍布名山，且寺院经济发达，可为贫寒的士人提供免费的膳食和住宿，"寒士出身既惟有勤习诗赋以取进士科第，而贫无特营山居之资，势必借寓寺院静境以为习业之所。"① 四、一般文士山居之风尚。当时士人喜过林泉生活，助长了书生肄业山林的潮流。五、山林寺院之藏书。寺院藏经阁中除了庋藏佛经之外，更藏有儒家经史及名士文集，可供士人借阅。

士子隐居读书，大抵以名山为中心，在北方以终南山、中条山、嵩山、华山、泰山为盛；在南方则尤以庐山为最盛，衡山、罗浮山、九华山次之。庐山东临鄱湖，北望长江，地处要冲，并且重岭七层，周回五百余里，峰高林密，山泉淙淙，景色壮美，气象雄浑，占有地利；又有"浔阳三隐""东林十八贤"等历史悠久的隐逸传统。同时，庐山南北的佛寺道观数量众多、规模宏大，也为士人读书其中提供了优厚的条件。因此，中唐以来，在庐山隐居读书的士人很多，白居易就曾说过："庐山自陶谢洎十八贤已还，儒风绵绵，相续不绝。贞元初，有符载、杨衡辈隐焉，亦出为闻人。今其读书属文，结草庐于岩谷间者，犹一二十人。"②

至于李渤隐居庐山的时间，尚未看到明确的记载。据李渤《辨石钟山记》文末题"贞元戊寅岁七月八日白鹿先生记"，说明最晚在贞元十四年（798）的时候，李渤已经隐居庐山白鹿洞；贞元二十一年（805），李渤在白鹿洞栖真堂编纂《真系》；而李渤在《少室仙伯王君碑铭》中说"贞元末，鄙人至自庐岳"。因此推测，李渤在贞元二十一年（805）之前长期在庐山隐居。

① 严耕望. 严耕望史学论文集［M］. 上海：上海古籍出版社，2009，第886—931页。
② 白居易. 白居易集笺校［M］. 朱金城，笺校. 上海：上海古籍出版社，2020，第2697页。

白鹿洞书院航拍图

在庐山隐居的岁月里，李渤主要居住在五老峰下的白鹿洞，此地背山面湖，风光绝胜，吴宗慈在《庐山志》中描述："背岭临溪，卓尔山峙其前，左翼山翼其左。两山交织，一水中流。……后屏山者，书院负山为胜，若屏焉，故名。长松百尺，或亭亭直上，或斜覆庭阴，郁郁葱葱，环匝一二里。……折而西南至鹿眠场后，峰际旷然，面五老而倚长松者为朋来亭。五老云端，拱若宾客，第二峰顶有星岩，霁光可瞩，最称胜览。"① 这段文字虽然是后世志书中所记述的情况，亦可见白鹿洞周遭景色之佳胜。

此地为什么叫白鹿洞呢？传说，李渤在此隐居读书，养了一头白鹿，出入相随。这头白鹿很有灵性，能独自前往市肆为主人购物，因此大家都亲切地称呼李渤为白鹿先生，称呼他所隐居的地方为白鹿洞。其实，这里的"洞"应该是洞天的意思，是道教用来指神仙居住的地方，而白鹿正是道教中的瑞兽。受时代的影响，李渤热衷于道教，号白鹿先生，因此称隐居之所为白鹿洞。《全唐文》卷六九三收录宝历元年李渤之兄李涉所作《南溪元岩铭并序》："予之仲曰渤，受天雅性，生不杂玩，少尝读《高士传》《列仙经》，游衡霍幽遐之境，巢嵩庐水石之奥，凡俗所觏，必皆砻磨大璞，翦凿遗病，意适而制，非主于名。"② 可以得知李渤对于道教典籍十分熟悉，并且广泛游历道教名山，寻仙访道。在庐山隐居期间，李渤集中精力整理道教文献。《云笈七签》卷五收录有李渤《真系》，是书末题"时贞元乙酉岁七月二十一日，于庐山白鹿洞栖真堂中述"。《真系》记述自晋杨羲至唐李含光等十位高道的事迹，上下凡四百零五年，祖祖相传，皆有迹可循，因而读此书可以了解上清派道教的传承历史。

在白鹿洞读书著述之暇，李渤也曾遍历庐山周边名胜之地。他于贞元十四年（798）游览石钟山，撰写《辨石钟山记》。认为石钟山的得名并非

---

① 吴宗慈.庐山志［M］.南昌：江西人民出版社，1996，第268页。
② 董诰.全唐文［M］.上海：上海古籍出版社，1990，第3151页。

郦道元《水经注》所说"下临深潭，微风鼓浪，水石相搏，声若洪钟"，而是湖滨的两块山石被敲击后能发出铿锵的金石之声，"乃知山仍石名"。后来苏轼作《石钟山记》又"叹郦元之简而笑李渤之陋"，遂使石钟山之得名成为千古争论的话题。后世学者纷纷加入争论，乐此不疲，而又莫衷一是。

此外，李渤还曾登临庐山绝顶，在大林寺留题，白居易《游大林寺序》："周览屋壁，见萧郎中存、魏郎中弘简、李补阙渤三人姓名、诗句，因与集虚辈叹且曰：'此地实匡庐间第一境。由驿路至山门，曾无半日程，自萧、魏、李游，迨今垂二十年，寂寥无继来者。嗟乎！名利之诱人也如此。'"①

其间，李归期出任江州刺史，其子李逢吉也到庐山隐居读书，师从于李渤。李逢吉《折桂庵记》云："吾顷年奉家君牧九江，得从白鹿先生潓之游，观焉志羡，则咏真之邻也。有狮子峰下古传谓幡竿源者，其风清英，泉石可依，足以变昧职之归真宁欤？潓之导吾结隐室于是源而居，诚以逃俗染，温智习，饮超扬之味，分浩然之气也。"②李逢吉遵照李渤的建议，在白鹿洞西北处构建屋舍，读书其中。后来李逢吉出山应试，考中进士，其旧居则改为僧舍，取名折桂庵。陈舜俞《庐山记》卷二："证寂院，旧名折桂庵，唐相李逢吉旧依李渤学于此山。逢吉去而为僧居，故名折桂。"③

贞元末年，李渤离开匡庐，来到嵩山。唐宪宗时又被荐出仕，曾任考功员外郎。长庆二年（822），李渤出任江州刺史。李渤回到隐居故地任官，利民之举甚多，颇得江州百姓的敬爱。他曾上书朝廷，蠲免江州数十年逋欠的赋税。他在城南湖岸上修筑堤坝，便民往来，人们遂称之为李公堤，称是湖为甘棠湖。他又曾修建景星书院，是九江城区最早的书院。

长庆二年（822），白居易赴任杭州刺史，途经江州，不仅拜会了时任江州刺史的老朋友李渤，而且特意到自己在香炉峰下的庐山草堂看了看。临

---

① 白居易.白居易集笺校［M］.朱金城笺校.上海：上海古籍出版社,2020,第 2693 页.
② 董诰.全唐文［M］.上海：上海古籍出版社，1990，第 2757—2758 页.
③ 陈舜俞.庐山记［M］.内阁文库藏宋刊本.

别之际，白居易作《再过江州题别遗爱草堂兼赠李十使君》，感慨自己将长别于庐山草堂，同时在诗的末尾也提醒李渤："君家白鹿洞，闻道亦生苔。"

是啊，既然出仕为官，就已经许身国家，应当勤政爱民，造福百姓，哪里还有时间优游林泉，享受闲适的生活。不过，庐山白鹿洞一带风光秀美，隐居在此的文人士子很多。李渤于是在白鹿洞旧隐之地创建台榭，环以流水，杂植花木，使其成为山间一处胜境，方便后人读书其间。

郑廷鹄《白鹿洞志》卷二："勘书台，在书院之左，崖石峻峭，下临湍涧。旧传李万卷校书之所。""百花台，与枕流亭隔溪相对，亦李万卷所建。"[1] 据《宋高僧传》卷十七《唐庐山归宗寺智常传》："李渤员外，元和六年隐嵩少，以著作征起，杜元颖排之，出为虔州，刺史南康。曾未卒岁，迁江州刺史。渤洽闻多识，百家之书，无不该综，号李万卷矣。"[2] 可知李万卷就是李渤，而勘书台和百花台就是李渤当时"创建台榭，环以流水，杂植花木"的成果，至今遗址尚存。

此后李渤又返回朝廷，任职方郎中，进谏议大夫，擢给事中，赐金紫服。宝历元年（825），出为桂管观察使。在任期间，兴修水利，造福百姓。一年之后，因病返回洛阳。大和年间，召拜太子宾客。不久之后去世，终年59岁，赠礼部尚书。李渤性格耿直，操行高洁，不肯苟合于世，常犯颜直谏，因此在朝廷屡遭贬斥，而刚直之气毫不减弱，颇为时人所称道。

白鹿洞书院有一座李万卷墓。《舆地纪胜》卷二十五《南康军》："李万卷墓。《寰宇记》：在白鹿洞边。或云万卷即唐之李渤也。"据此推测，李渤去世后就葬在白鹿洞。只是岁月久远，其墓地的具体位置已经无法得知。

此外，白鹿洞书院还有一座七姑庙，据说祭祀的是李渤的女儿。周伟《白鹿洞书院志》卷一："七姑庙，在勘书台下。世传即唐江州刺史李渤女也。

---

① 李梦阳.白鹿洞书院古志五种［M］.北京：中华书局，1995，第168页。
② 赞宁.宋高僧传［M］.上海：上海古籍出版社，2014，第391页。

宋淳熙间，乡民立庙祀之。文公亲书其额。"①文公指的是朱熹。朱熹曾亲自为七姑庙题额，可见此庙历史悠久，渊源有自。可惜文献不足征，无法了解其详情。

在唐代，隐居庐山的士人众多，遍及庐山南北，唯有白鹿洞最终能够闻名于世，成为士人向往的地方，与李渤担任江州刺史期间的大力建设密不可分。《庐山纪事》引《商丘漫语》论述道："唐时人士多栖隐山谷，以猎声华，故司马子徽目终南为仕宦捷径，不独庐山。当贞元、元和中，符、杨辈居庐山者三数十人，不独渤兄弟。但它仕者所治不近所隐，无以彰显之，故隐居汩没无闻。白乐天赴杭州，过草堂才信宿即去，独渤刺江州，为能侈而大之，此鹿洞所以闻于世也。"②

唐末五代之际，白鹿洞成为学人士子荟萃之所，影响越来越广。至南唐时被立为国学，成为白鹿洞书院的前身。

而白鹿洞书院也没有忘记李渤的开创之功。南宋淳熙年间，朱熹恢复白鹿洞书院之初，就曾计划修建专祠，祭祀李渤等前贤，因其时祭祀孔子的大成殿尚未建造，故而未能付诸实施。嘉定十年（1217），知南康军朱在新修白鹿洞书院，增建了"前贤之祠"，有了专门祭祀李渤等书院前贤的场所。明代正统年间，南康知府翟溥福重建白鹿洞书院，在大成殿之西建三贤祠，祭祀李渤、周敦颐、朱熹三位先贤，以陶渊明、刘涣、刘恕、陈瓘等人陪享。弘治末年，提学副使邵宝设立先贤祠，祭祀李渤等人。从此，白鹿洞书院的祭祀体系基本定型，李渤被崇祀在白鹿洞书院先贤祠内，受到后人的景仰。

---

① 李梦阳．白鹿洞书院古志五种［M］．北京：中华书局，1995，第489页。
② 桑乔．庐山纪事［M］．南昌：江西教育出版社，2002，第494页。

王贞白

一寸光阴一寸金

"一寸光阴一寸金。"这句常常用来告诫人们珍惜时光的谚语流传很广，甚至全国小学生都能背诵出来。可是，你知道吗？它竟然与白鹿洞书院有着不解之缘。

话说唐代末年，有一位读书人叫王贞白，字有道，江西上饶人。他自幼聪颖，才思敏捷，再加上刻苦勤奋，博览群书，能写出很好的诗歌。

当时的朝廷权威不断下降，藩镇跋扈专横，中原一带经常出现各种动乱，民不聊生，而远离政治中心的庐山成为避乱者、隐居者的福地，聚集了很多有才华的诗人。比如杜荀鹤在庐山隐居读书 10 年之久，他在《怀庐岳书斋》诗中回忆庐山岁月："长忆在庐岳，免低尘土颜。煮茶窗底水，采药屋头山。是境皆游遍，谁人不羡闲。无何一名系，引出白云间。"李咸用也曾隐居庐山，他在《寄嵩阳隐者》诗中说："昔年江上别，初入乱离中。我住匡山北，君之少室东。"此外，李群、符载、杨衡、许棠、张乔、贯休、齐己、处默、修睦等众多诗人也在庐山留下足迹。因此，希望更上层楼的王贞白便来到长江流域的诗歌活动中心——庐山，与诸位师友切磋唱和。

自从江州刺史李渤在旧隐地白鹿洞创建台榭，种植花木以来，这个背山面水的好地方就成为学子荟萃之处。王贞白就是在此隐居读书的。秀美的风光，静谧的环境，相互砥砺的学友，使王贞白读书的效果越来越好，学问日益精湛。

在一个春光明媚的日子里，王贞白欣然赋诗两首。《白鹿洞》：

　　读书不觉已春深，一寸光阴一寸金。

　　不是道人来引笑，周情孔思正追寻。（其一）

　　一上西园避暑亭，芰荷香细午风轻。

　　眼前物物皆佳兴，并作吟窝一味清。（其二）

特别是第一首诗，用比喻的手法来写光阴的宝贵，将金色的阳光与贵重的金子作对比，鲜活贴切，富有创造力，难怪能够成为人们耳熟能详的谚语，流传不衰。在这首诗的后两句中，王贞白说自己读书进入佳境，思接古人，正在与周公和孔子探讨学问，却被一位"道人"拉回现实。那么，这个道人是谁呢？道人原指道德极高的人，后来指称道教徒或佛教徒，在这里应当是指佛教徒。王贞白擅长作诗，与他交往的人也都是能诗之辈，而庐山正是诗僧集中的地方。当时庐山有好几位大名鼎鼎的诗僧，如贯休、齐己、处默、修睦等人，其中明确记载与王贞白有交往的是贯休。考察贯休的生平，他在中和年间（881—885）一直在庐山。根据《灵溪王氏宗谱》和《岔路头丰溪南城王氏宗谱》的记载，王贞白生于大中戊寅年（858），到中和年间大约是20多岁，正是读书有得、诗艺进步的时候。因此推测，王贞白是在中和年间（881—885）到庐山白鹿洞隐居读书的，其间与诗僧贯休交游，学习作诗。

根据《唐诗纪事》卷六十七记载，王贞白写过一首《御沟》诗，是他最满意的作品，自认为冠绝众诗，完美无瑕，就抄录一份送给贯休禅师欣赏。诗是这么写的，《御沟》：

　　一派御沟水，绿槐相荫清。

此波涵帝泽，无处濯尘缨。

鸟道来虽险，龙池到自平。

朝宗心本切，愿向急流倾。

贯休仔细吟诵，感到这首诗富于比兴，意蕴隽永，写得很有情致，不禁赞叹道："果然是好诗！"然后话锋一转，接着说："可惜有一个字不够妥帖。"王贞白正自信地等待贯休的赞誉，不料竟然听到批评的声音，一时间难以接受，不由得情绪激动，拂袖而去。看着王贞白的背影，贯休微微笑道："此人才思敏捷。"随即用毛笔在手掌写了一个字，便静静地等待着。不一会儿的工夫，王贞白又匆匆折返回来，兴奋地说道："'此中涵帝泽'，如何？"只见贯休举起手来，手掌中正是一个大大的"中"字。二人不禁相视大笑！贯休也被王贞白称为"一字之师"。

除了《白鹿洞》，王贞白现存诗歌中还有多首诗歌涉及庐山。例如《庐山》：

岳立镇南楚，雄名天下闻。

五峰高阁日，九叠翠连云。

夏谷雪犹在，阴岩昼不分。

唯应嵩与华，清峻得为群。

诗风清润典雅，意境悠远。特别是"五峰高阁日，九叠翠连云"一句，刻画细致，对仗工稳。又如《书陶潜醉石》：

片石陶真性，非为麴糵昏。

争如累月醉，不笑独醒人。

积叠莓苔色，交加薜荔根。

至今重九日，犹待白衣魂。

醉石位于庐山南麓，相传陶渊明常常在酒醉之后仰卧这块大石上，听流水淙淙，看白云卷舒。这首诗借描述醉石来歌颂陶渊明高洁的情操，同时也反映出王贞白洁身自爱的品格。

从这几首诗能够看出来，经过在白鹿洞隐居读书的洗礼，王贞白已经是诗艺精湛、学有所得了，于是便奔赴京师参加科举考试。

唐昭宗乾宁二年（895），崔凝主持科举考试，共录取进士二十五人，王贞白名列其中。在唐代，进士科录取人数极少，竞争十分激烈，以至于有"五十少进士"的说法，意思是说五十岁能够考中进士都属于年轻有为，可见科举之路的艰难。王贞白写诗道："二十五家齐拔宅，人间已写上升名。"字句之间，志得意满，十分自豪。

然而崔凝作为河东望族，在主持科举考试的时候偏袒世家子弟，录取了多名不学无术的富二代、官二代，压制出身贫寒的士子。放榜之日，众人议论纷纷，落榜者更是愤愤不平，引起舆论风波。唐昭宗不得不下诏，对二十五名新科进士重新复试，结果是包括王贞白在内的十五人考试合格，授予进士出身，其余十人落榜。

王贞白两次考中进士，蟾宫折桂，名声大振。裴说《见王贞白》说："共贺登科后，明宣入紫宸。又看重试榜，还见苦吟人。此得名浑别，归来话亦新。分明一枝桂，堪动楚江滨。"贯休也有《送王贞白重试东归》诗。喜讯传到王贞白的故乡，当地郡守为了庆祝此事，将王贞白所居之坊改名为"进贤坊"，并且减少其户税，以示表彰前贤、激励来者。

天复元年（901），韩全诲、李继筠等人将唐昭宗胁迫至凤翔，大唐朝廷被跋扈的藩镇所控制。王贞白见天下无道，遂在校书郎任上辞官归乡，埋头著述，从此不复出仕。回到故乡之后，王贞白一方面整理自己的数百首诗作，编纂成《灵溪集》；一方面隐居讲学，传道授业。《嘉靖永丰县志》称赞他"隐居教授，以道学自任。其论有典则，动止合准绳，士风因之丕变，四方学者多宗师之"，可见他为地方文化进步和教育发展作出了贡献。

辞官归隐的岁月里，王贞白再次来到庐山，居住了很长一段时间。他在《送芮尊师》诗中说："他年控鲤升天去，庐岳逋民愿从行。"称自己是"庐岳逋民"，愿意追随芮尊师参悟大道，飞升九天，离开混乱的尘世。不过，这只是他的桃源梦而已。

李善道

庐山国学首任洞主

　　唐朝末年，天下大乱，战争频繁，朝代更迭迅速。中原地区先后出现后梁、后唐、后晋、后汉、后周等五个政权，其他豪杰之士也趁势崛起，裂土称王，建立众多割据政权，史称"五代十国"时期。公元 937 年冬，徐诰在金陵（今江苏省南京市）称帝，国号大齐，改元升元。至升元三年（939），徐诰恢复原本的姓氏——李，自称是唐太宗第三子吴王李恪的后裔，更名李昪，改国号为大唐，后世称之为南唐。

　　在五代十国这个武夫当国、崇尚暴力的时代，同样出身军旅的南唐皇帝李昪却能尊崇文化，发展教育，实属难能可贵。在称帝之前，李昪就注重选用文人儒士担任重要官职，恢复律令制度，修明政教。称帝的第二年，李昪在金陵设立太学。称帝的第四年，即南唐升元四年（940），李昪在庐山白鹿洞建立学馆，称作庐山国学，又称白鹿国庠，拨付良田 2000 多亩作为办学经费来源，招徕四方学子前来读书，聚集大量图书供学子们研习，并任命国子监九经博士李善道掌管教学事务。庐山国学作为与金陵国子学齐名

白鹿洞书院

的国家最高学府，从此开启正式教育办学的辉煌历史。

根据唐代制度规定，国子监设祭酒一人，从三品；司业两人，从四品下，掌管全国教育系统的领导和管理工作。国子监下设国子、太学、四门、律学、书学、算学等六学。这六学的性质有所不同，国子学收录文武官三品以上及国公子、孙，从二品以上曾孙等学员。太学收录文武官五品以上及郡、县公子、孙，从三品曾孙等学员。四门学收录侯、伯、子、男之子，以及庶人子弟中的俊士等学员。国子学、太学、四门学主要讲习《诗》《书》《礼》《易》《春秋》等儒家典籍。律学、书学、算学则是专门学校，其中律学主要讲习律、令、格、式等法律文献；书学主要讲习《石经》《说文》《字林》等文字学课程；算学主要讲习《九章算经》《周髀算经》等数学课程。每学又分别设置博士、助教等负责讲授经典和课程管理。

国子监六学中以国子学、太学最为重要，四门学则一度遭到废止。国子学、太学所收录的学员主要来自簪缨继世的官宦子弟。四门学虽然收录部分庶人子弟，但是数量十分有限。南唐皇帝李昇能够在国子监之外设立庐山国学，专门招收庶人子弟，可谓是制度上的创举，也可见其对人才培养的重视程度。

作为庐山国学的首位负责人，李善道的生平资料十分有限，我们仅知他以国子监九经博士的身份来管理庐山国学。根据唐代制度，国子学设博士二人，正五品上，负责国子学日常行政工作以及讲授儒家典籍。南唐朝廷以国子监九经博士作为庐山国学的负责人，可见是按照国子学的标准来管理庐山国学的，所不同的是国子学收录官宦子弟，庐山国学收录庶人子弟，共同担负起为朝廷培养人才的百年大计。

博士的原意就是博学之士，泛指学者。战国末年，群雄争霸，对于人才和信息的需求越来越迫切，齐、魏、秦等国开始设置为职官。秦朝及西汉初年，博士秩四百石，隶属于太常寺，拥有议政、制礼、藏书、顾问应对等职能。秦始皇时有博士70余人，秦二世时有30余人，这时的博士所学各有专长，包罗诸子百家，而以儒家为主。西汉初年，诸子、儒经、术数、方伎等皆立博士。汉武帝时罢黜百家、独尊儒术，改置五经博士，增加学官职能，在太学中教授儒家《诗》《书》《礼》《易》《春秋》五经之学，各置弟子员。从此，博士就成为专门教授儒家经学的学官，历代多有设置。

在李善道的管理之下，庐山国学按照国家高等学府的标准开展教学活动。《唐六典》规定，国子监主要教授《周易》《尚书》《周礼》《仪礼》《礼记》《毛诗》《春秋左氏传》《谷梁传》《公羊传》等"九经"，并要求学生兼习《孝经》《论语》。庐山国学的教学内容应当就是以此为主。此外，庐山国学还要求学子研习史籍、诸子等典籍，例如朱熹《跋白鹿洞所藏汉书》一文中就记载南唐刘式在白鹿洞书院读书时，曾研读《汉书》《孟子》《管子》等典籍。除了经史之学以外，诗文写作也是庐山国学教学当中的重要科目。诗赋是唐代进士科考试最重要的内容。《唐音癸签》卷十八:"唐试［进］士重诗赋者,以策论惟剿旧文,帖经只抄义条,不若诗赋可以尽才。"[1] 相比于策论和帖经,诗赋能够更好地展示个人的才华。

　　经过李善道的辛苦经营,庐山国学声名鹊起,成绩显著,培养了众多优秀的士子,为南唐政府源源不断地输送人才,昌明文教,在五代乱世中赓续中华文脉。正如马令在《南唐书》中所说:"学校者,国家之矩范,人伦之大本也。唐末大乱,干戈相寻,而桥门璧水,鞠为茂草。驯至五代,儒风不竞,其来久矣。南唐跨有江淮,鸠集典坟,特置学官,滨秦淮开国子监,复有庐山国学,其徒各不下数百。所统州县,往往有学。方是时,废君如吴越,弑主如南汉,叛亲如闽楚,乱臣贼子,无国无之。唯南唐兄弟辑睦,君臣奠位,监于他国,最为无事,此亦好儒之效也。"[2] 李昪重视教育,崇尚儒学,培育士子使南唐成为当时文化最为繁盛的区域,为华夏文化造极于两宋提供了坚实的基础。

　　庐山国学,于此有力焉。

---

① 胡震亨.唐音癸签［M］.上海:上海古籍出版社,1981,第197页。
② 马令,陆游.南唐书两种［M］.南京:南京出版社,2020,第159—160页。

　　五代十国时期，南唐统治者对于儒学教育十分重视，在首都金陵（今江苏省南京市）设立太学，大振儒风。升元四年（940），又在庐山白鹿洞建立"庐山国学"，又称"白鹿国庠"，以国子监九经李善道为洞主，拨付良田数千亩作为办学经费来源，聚集大量图书，供四方学子读书其间，江南各地前来求学的学子经常有数百人。

　　至李后主时，国子助教朱弼掌教于庐山国学。朱弼，字君佐，建州（今福建建瓯）人。南唐时举明经第一，授国子助教，出任庐山国学的负责人。国子助教隶属于国子学。西晋武帝咸宁年间（275—280），在国子学中设国子助教15人，负责教授儒家典籍。东晋孝武帝太元十年（385），国子助教减为10人，分掌十经。所谓"十经"是指儒家经典，《宋书·百官志上》记载以"《周易》《尚书》《毛诗》《礼记》《周官》《仪礼》《春秋左氏传》《公羊》《谷梁》各为一经，《论语》《孝经》为一经"。隋代早期国子学置5人，从七品。隋炀帝大业三年（607），国子学置1人，从七品。唐代国子学设助教2人，从六品上，负责协助博士，讲授儒家经典。

当时庐山国学有学生数百人，其中卢绛、诸葛涛、蒯鳌等人聚众饮酒赌博，勒索同学，扰乱教学，无人能管，被人称之为"庐山三害"。朱弼到任之后，行为庄严，导之以礼，束之以法，使卢绛等人羞愧而去。《江南野史》卷十："卢绛，字晋卿，世为南昌人。……入庐山白鹿洞国学，与诸葛涛、蒯鳌等善，不听读，唯以屠贩为事。同舍诸生中有箧笥稍丰而吝者，则强取之，弱者侮之。及山下寻有鬻于宾道者，乃阴持禁物诬之，俾出缗帛，洞中流辈号为三害。及朱弼新除国子助教，欲疏理其罪，绛遂亡入金陵。"① 卢绛后来弃文从军，以骁勇善战升任宣州节度使。南唐灭亡之后，卢绛拒不投降，最终被杀。蒯鳌则改过自新，考中进士，官至殿中丞，晚年归隐庐山。马令《南唐书》卷二十三："蒯鳌，宣城人也。善属文，有才思。……鳌少亦无赖，常与卢绛为友。后颇改过，以廉直自励。……归于皇朝，擢进士第。以殿中丞致仕，隐于庐山，数年卒。"②

朱弼升堂讲经，条分缕析，清晰洞达。学生各持疑难问辩，朱弼皆能应声解说，无不通畅。因此，诸生皆心悦诚服，潜心向学。马令《南唐书》卷二十三："（朱弼）性本严重，动持礼法。每升堂讲释，生徒环立，各执疑难，问辩锋起，弼应声解说，莫不造理。虽题非己出，而事实联缀，宛若宿构。以故诸生咸服，皆循规范。"③

北宋统一江南之后，朱弼被授予衡山主簿之职。他居官廉洁，家无余财，甚至连妻子儿女的吃饭穿衣都成问题。朱弼逝世之后，家徒四壁，在朋友的帮助之下才入土为安，世人皆称赞其清廉。

庐山国学收录的学子有数百人之多，他们有的来自安徽，有的来自福建，有的来自江西，涵盖了南唐政府所辖的各个区域，许多学子不远千里而来，于此可见庐山国学的影响力是非常大的。其中有许多出类拔萃的人才。

---

① 龙衮.江南野史［M］.郑州：大象出版社，2003，第217页。
② 马令，陆游.南唐书两种［M］.南京：南京出版社，2020，第161页。
③ 马令，陆游.南唐书两种［M］.南京：南京出版社，2020，第159页。

伍乔，庐江（今属安徽省）人。天资聪颖，勤奋好学，博览群书，以为淮地无人能出其右，于是渡江南下，来到位于白鹿洞的庐山国学继续求学。在白鹿洞，伍乔读书更加勤奋，苦节自励，夜以继日。一天晚上，伍乔正在灯下攻读儒家经典，忽然看见一只手从窗户的缝隙中伸进来，手掌上写着"读易"二字，转瞬间又消失不见。伍乔认为这是上天对他的启示，于是专心研读《易经》，探索易理的精微奥妙之处，孜孜以求，毫不懈怠。庐山寺院的一位僧人在晚上梦见有人指着天上一颗明亮的星星说："这是伍乔星。"第二天一大早便在白鹿洞遇到了伍乔，僧人大喜，勉励伍乔刻苦读书，奋力进取。当时正值伍乔钱物匮乏，无以为继的时候，僧人遂出资供伍乔继续读书。保大元年（943），伍乔参加科举考试，以《画八卦赋》《霁后望钟山诗》取得第一名的好成绩，成为该科状元。南唐中主李璟对伍乔的才华大为赞赏，命人将其文章刻在石碑上，立于国子监门口，作为最佳范文供天下士子学习。伍乔后来曾任考功员外郎、户部员外郎等职。

江为，其先祖原为宋州人，后来避乱南迁，遂为建阳（今福建建阳）人。江为出生在儒学世家，少年时便到庐山白鹿洞求学，拜著名诗人陈贶为师，研习诗法。江为的诗歌有风雅清丽之态，在当时广为传诵。建隆二年（961），南唐中主李璟迁都南昌途中，曾到庐山国学游览，看到墙壁上有江为题写的"吟登萧寺旃檀阁，醉倚王家玳瑁筵"之句，大为赞赏，称赞说："吟此诗者大是贵族矣。"江为因此被当时的读书人所羡慕、所推重，而江为本人也颇有自负傲纵的心态，以为金榜题名、拜相封侯是唾手可得的事情。然而，江为参加科举考试却屡次名落孙山，因此怏怏不快，满腹牢骚。后来江为计划偷渡到吴越国求取功名，被同谋者告发而伏诛。临刑前，江为神色平静，口占一绝："衙鼓侵人急，西倾日欲斜。黄泉无旅店，今夜宿谁家。"为其才高命蹇的一生画上了悲凉的句号。

杨徽之，字仲猷，建州浦城（今福建浦城县）人。南唐时，他不远千里，挑着行李从福建走到江西，读书于庐山国学，跟随江为等人学习诗歌创作，名声大振。入宋之后，杨徽之曾任翰林学士、礼部侍郎等职。他善于作诗，宋太宗曾从他写的诗歌中挑选了十几联诗句写在屏风上，朝夕吟诵，可见其诗作之优秀。

魏羽也曾在白鹿洞庐山国学读书，《江南余载》卷下："魏羽肄业于白鹿洞，临赴举，大醉，卧百花峰下。稍醒，忽有鬼物十数辈环侍其侧。羽惊问之，对曰：'以公贵人，故奉守耳。'"[①]魏羽后来任昭文馆校书。北宋统一全国后，魏羽至汴京任职，官至三司使、工部侍郎。

此外还有李中、刘洞、孟归唐、黄载等人，都曾在庐山国学读书，在当时颇有声望。

---

① 　郑文宝.江南余载［M］.郑州：大象出版社，2003，第251页。

朱熹

白鹿洞书院的灵魂

　　北宋开宝八年（975），宋军攻破金陵，南唐灭亡。虽然失去了南唐政权的庇护，庐山国学依靠着大量的田产，继续开展教育活动。北宋政府连年用兵，消耗了大量的财力，没有能力大兴文教，只能依靠全国各地的书院开展教育活动，培养人才。而朝廷则通过赐额、赐书、赐官等形式对书院教学表示认可和支持。因此，北宋初年，庐山国学被改为官学，继续履行教育的使命。《太平寰宇记》卷一一一《江州》："白鹿洞，在庐山东南。本李渤书堂，今为官学。"[①] 宋太宗太平兴国三年（978）三月，知江州周述上书朝廷，称庐山白鹿洞学徒数百人，请朝廷赐予《九经》，以供学生修习，于是宋太宗派人将书送到白鹿洞中。太平兴国五年（980），朝廷任命白鹿洞主明起为褒信主簿，赐讲学陈裕三传出身，以示褒奖。宋真宗咸平五年（1002），朝廷又敕有司修缮白鹿洞，并塑孔子及十哲之像于其中。

　　辉煌的办学历史，以及朝廷褒奖的荣耀，使白鹿洞书

---

① 　乐史.太平寰宇记［M］.北京：中华书局，2007，第 2256 页。

院名声大振，成为当时最有名的书院之一，与岳麓书院、嵩阳书院、应天书院并称为"四大书院"。吕祖谦《重兴白鹿洞书院记》中记载："国初，斯民新脱五季锋镝之厄，学者尚寡。海内向平，文风日起。儒先往往依山林、即闲旷以讲授，大率多至数十百人。嵩阳、岳麓、睢阳及是洞为尤著，天下所谓四书院者也。"[①]

经过数十年的休养生息，北宋经济富足、社会稳定，完全有能力兴复和发展官学系统。因此，自宋仁宗庆历年间开始的兴学运动，一是整顿国子监，二是下令各州县皆设立官学，建立起从中央到地方完整的学校教育体系。同时，规定士人必须在学校读书满三百日，才能参加科举考试，以确保学校教育的权威性。随着官学教育体系的建立和完善，书院的发展遇到了冷落期，白鹿洞书院也遭遇到重大的挫折。特别是早在太平兴国五年（980），洞主明起就将白鹿洞书院的数十顷学田献给官府，致使书院办学失去了稳定的经费来源，学生陆续散去，白鹿洞因而渐渐荒芜。

皇祐五年（1053），礼部郎中孙琛在白鹿洞建造房屋，榜曰"书堂"，令子弟读书其中。四方之士人有前来读书者，也为他们提供食宿。原来早在大中祥符初年，直史馆孙冕因疾辞官，请求朝廷赐给他白鹿洞之地，以为养老之所，得到恩准。孙冕未能到达庐山，于途中逝去。多年之后，孙冕之子孙琛终于完成孙冕的遗愿，在白鹿洞设堂教学。由于文献不足征，此次办学的具体情况尚不清楚。到宋神宗熙宁五年（1072）的时候，陈舜俞游览庐山，他看到的白鹿洞已经荒废许久，处处灌木丛生，鞠为茂草。

南宋孝宗淳熙六年（1179），朱熹出知南康军，复建白鹿洞书院，才使得这一读书讲学之所凤凰涅槃，重现辉煌，影响中华文化发展近千年。

朱熹（1130—1200），字元晦，一字仲晦，号晦庵，又号晦翁，别称紫阳、云谷老人、沧州病叟、遁翁。祖籍徽州婺源（今属江西），出生于南剑

---

① 黄灵庚，吴战垒．吕祖谦全集．杭州：浙江古籍出版社，2008，第99—100页。

朱熹画像

州尤溪（今属福建），徙居建阳考亭。绍兴十八年（1148）进士，授左迪功郎、泉州同安县主簿，公务之余研究释老之学，后师事李侗，专心儒学。绍兴三十二年（1162），宋孝宗即位，朱熹应诏上封事，详陈讲学明理、定计恢复、任贤修政等事。隆兴元年（1163）十一月，奏对垂拱殿，连上三札，讲《大学》修齐治平之道，重申前议。除拜武学博士，待次。次年差监潭州南岳庙。淳熙三年（1176），差管武夷山冲祐观。淳熙五年（1178），差知南康军事兼管内劝农事，是年底赴任。

　　朱熹下车伊始便关注白鹿洞书院，搜集关于白鹿洞的一切信息。他在淳熙六年（1179）四月的《知南康榜文》中说："按《图经》，白鹿洞学馆虽起南唐，至国初时犹存旧额，后乃废坏。未委本处目今有无屋宇？……右牒教授杨迪功、司户毛迪功，请详逐项事理，广行询究，取见指实，逐一子细条具回申，以凭稽考，别行措置。仍榜客位，遍呈寄居过往贤士大夫，恐有知得本军上件事迹详细，切幸特赐开谕。及榜示市曹，仰居民知委，如有知得上件事迹详细之人，仰子细具状，不拘早晚，赴军衙申说。"① 这年十月十五日下元节，他在视察农田水利时，经樵夫指点，找到了白鹿洞书院的旧址。朱熹见此地四面环山，溪涧明澈，空气清新，草木秀润，无市井之喧，有泉石之胜，真是群居讲学、遁迹读书的好去处，十分称心，决定重新修建白鹿洞书院。

庐山一带在两宋之际遭遇劫难，寺观堂宇焚毁殆尽，如今 50 余年过去了，琳宫梵宇不虑百十处，次第修葺，壮观异常，而仅此一家的书院却埋没荆榛之中，未见兴复，朱熹对此感慨万千，愤愤不平："窃惟庐山山水之胜，甲于东南，老佛之居以百十数，中间虽有废坏，今日鲜不兴葺。独此一洞，乃前贤旧隐，儒学精舍，又蒙圣朝恩赐褒显，所以惠养一方之士，德意甚厚，顾乃废坏不修至于如此，长民之吏不得不任其责也。"(《申修白鹿洞书院状》)；"境内观寺，钟鼓相闻，殄弃彝伦，谈空说幻，未有厌其多者，而先王礼义之宫，所以化民成俗之本者，乃反寂寥希阔，合军与县，仅有三所而已。"(《乞赐白鹿洞书院敕额》)巨大的差距，刺激着朱熹下定决心，排除万难，一定要兴复白鹿洞书院。

为了建造书院，朱熹向尚书省及礼部尚书提交申请，一面说明白鹿洞书院曾蒙太宗、真宗眷顾，赐书褒崇，具载国典，事体非轻，诚宜修葺，以彰圣恩；一面表示重修工程甚微，不敢破费官帑，伤耗民力。在征得礼部同意之后，朱熹立即命南康府学教授杨大法、星子县令王仲杰负责督建书院，到淳熙七年（1180）三月时，白鹿洞书院已经建成学舍 20 余间，教养生徒一二十人，并增置建昌东源田庄为学田赡养学员。之后，朱熹自任洞主，并任命学录杨日新为书院堂长，负责白鹿洞书院的日常事务。

① 　朱熹.朱子全书［M］.上海：上海古籍出版社，2002，第 4582—4583 页。

淳熙八年（1181），朱熹知南康军任满，改任为浙东提举，但他依旧为经营白鹿洞书院之事而奔波，屡次上书皇帝请求为白鹿洞书院赐额、赐书，以期得到朝廷对书院的认可。奏状上达之后，迟迟没有回音，而朝野早已是一片哗然，相与讥笑，以为怪事。朱熹并不气馁，于淳熙八年（1181）十一月在延和殿面圣时，抓住机会，再次请求皇帝为白鹿洞书院赐额、赐书，终于得到皇帝的恩准。据徐松《宋会要辑稿》选举一七："（淳熙八年）十一月二十九日，诏南康军复白鹿洞书院，所有陈乞经书，具数行下，令国子监印给。……诏养士一二十人，令本军随宜措置。所有经书，具数行下。"①朱熹坚持请求皇帝为白鹿洞书院赐额、赐书，是为了获得朝廷的认可和支持，以此作为兴建书院的法律保障，为白鹿洞书院的发展赢得机会。

朱熹兴建白鹿洞书院，并在总结书院教学经验的基础上完善书院各项制度：

第一是制定《白鹿洞书院学规》。《白鹿洞书院学规》又称《白鹿洞书院教条》《白鹿洞书院揭示》，它是朱熹在总结历代教育成功经验的基础上制定出来的，精湛深刻，词约义丰。

朱熹排除万难，大力兴复白鹿洞书院，是要摆脱官学衰微不振的弊病。在科举制度的影响下，官学逐渐失去了育人的教育功能，沦为科举的附庸。学生读书的目的只是为了博取功名利禄，因此四处钻营，投机取巧，既不重视德行养成，也不肯专心研读典籍。而官学的教师也不再传道授业，而是教授应试技巧，讲解科举文章。朱熹在《学校贡举私议》中说："所谓太学者，但为声利之场，而掌其教事者不过取其善为科举之文，而尝得隽于场屋者耳。士之有志于义理者，既无所求于学。其奔趋辐辏而来者，不过为解额之滥，舍选之私而已。师生相视，漠然如行路之人。间相与言，亦未尝开之以德行道艺之实。耳月书季考者，又只以促其嗜利苟得、冒昧无耻之心。殊非

---

① 刘琳.宋会要辑稿［M］.上海：上海古籍出版社，2014，第5585—5586页。

国家之所以立学教人之本意也。"① 有鉴于此,南宋许多学者纷纷建立书院,以救官学教育之失。书院的教学不是为科举考试服务,而是传承儒家道统,发明儒家学说,着重于自身道德的修养,培养符合儒家道德要求的君子,进而教化乡里,乃至天下。简单地说,书院的教学宗旨是"明理修身,推以及人"。

书院"明理修身,推以及人"的教学宗旨在朱熹《白鹿洞书院学规》的跋语中有最直接、最清晰的表达:"熹窃观古昔圣贤所以教人为学之意,莫非使之讲明义理以修其身,然后推以及人,非徒欲其务记览、为词章,以钓声名、取利禄而已也。"朱熹反对"务记览、为词章,以钓声名、取利禄"的读书取向,提倡"讲明义理以修其身"的为学之道,他认为这是教育的根本所在。为此,《揭示》规定:

　　父子有亲,君臣有义,夫妇有别,长幼有序,朋友有信。

　　右五教之目。尧舜使契为司徒,敬敷五教,即此是也。学者学此而已,而其所以学之序,亦有五焉,具列如左:

　　博学之,审问之,谨思之,明辨之,笃行之。

　　右为学之序。学、问、思、辨,四者所以穷理也。若夫笃行之事,则自修身以至于处事接物,亦各有要,具列如左:

　　言忠信,行笃敬。惩忿窒欲,迁善改过。

　　右修身之要。

　　正其谊不谋其利,明其道不计其功。

　　右处事之要。

　　己所不欲,勿施于人。行有不得,反求诸己。

　　右接物之要。②

《学规》对书院的办学目的和宗旨,为学之序,以及修身、处事、接物

①　朱熹.朱熹集[M].成都:四川教育出版社,1996,第3641页。
②　朱熹.朱子全书[M].上海:上海古籍出版社,2002,第3586—3587页。

之要等事项，择取儒家经典中的格言，逐一作出了明确的规定，其核心是道德教育，教导学生"讲明义理以修其身"。首先，书院教育的最终目的是"明人伦"，实现"父子有亲，君臣有义，夫妇有别，长幼有序，朋友有信"的社会秩序，并强调"学者学此而已"。其次，学生在学习"五教之目"的过程中，要通过"博学、审问、慎思、明辨"的方法真正领悟儒家学说的精髓。朱熹十分注重读书，他认为"为学之道，莫先于穷理；穷理之要，必在于读书"。在读书的过程中要善于"学问思辨"，以达到"穷理"的目的。最后，"穷理"要在"笃行"中得到落实。朱熹将"笃行之事"细化成三个方面，并提出了具有可操作性的要求：第一为"修身之要"，要求学生"言忠信，行笃敬。惩忿窒欲，迁善改过"。诚实守信，恭敬谨慎，控制欲望，知错能改，是修身最基本的要求。第二为"处事之要"，要求学生"正其谊不谋其利；明其道不计其功"。养成正确的义利观，提高自身的思想境界。第三为"接物之要"，要求学生"己所不欲，勿施于人。行有不得，反求诸己"。宽以待人，严于律己，时刻反思，完善人格。

《白鹿洞书院学规》是中国书院发展史上一部重要的纲领性文献。它明确了书院教育的根本目的，阐明了读书学习的基本方法，提出了修身、处事、接物的基本要求，汇集了儒家教育思想中的精华，形成较为完整的书院教育思想体系，从而为书院教育制度化、规范化发展奠定基础。淳祐元年（1241），宋理宗亲自书写《白鹿洞书院学规》，颁行太学，成为天下书院、官学所共同遵守的教育方针。《白鹿洞书院学规》还影响到海外，成为汉文化圈普遍认可的重要教育理论。朝鲜著名学者李退溪的《伊山书院学规》、日本阳明学鼻祖中江藤树《藤树规》均以《白鹿洞书院学规》为蓝本而创制。更多的海外书院直接把《白鹿洞书院学规》奉为学规，日本兴让馆更是至今仍保留着学生齐声诵读《白鹿洞书院学规》的悠久传统。正如明代著名哲学家王阳明说："夫为学之方，白鹿之规尽矣。"

第二是开展讲学活动。讲学是书院最重要的教学方式，经朱熹提倡之后，成为书院师生之间加强学术交流、展开讨论、推动思想争鸣的重要手段。由讲学进而发展的会讲和讲会，成为书院的优良传统之一，在中国教育史上产生了广泛而深远的影响。

讲学是白鹿洞书院洞主进行知识传授和学术传承的最主要方式。淳熙七年（1180）三月十八日，白鹿洞书院落成仪式举行的当日，即由洞主朱熹为众人讲学，讲学的主题是《中庸》。淳熙八年（1181）二月，朱熹邀请陆九渊到白鹿洞书院讲学。陆九渊选取《论语》中"君子喻于义，小人喻于利"一章讲授，辨析精微，分析明畅，切中时人内心深处的顽固弊病，使听讲者不禁悚然心惊，以至有的人生出一身冷汗。朱熹将陆九渊的讲义公布在书院之中，要求每个人时刻自省，反身而深察之。朱熹离任之前在白鹿洞书院举行了最后一次讲学，所讲主题为张载《西铭》中"民，吾同胞也；物，吾与也"一段。当时有人骑马在南康军的街市上横冲直撞，把一个小孩撞成重伤，朱熹听说后非常生气，就按照律令处以杖责。结果有人（有记载说是朱熹的学生刘子澄）就不以为然，说骑马之人是世家子弟，何苦辱之。因此，朱熹特地讲授"民胞物与"的思想，告诫众人不能因为身为士族便偏袒士族，身为官员便偏袒官员，要视"天下疲癃残疾，惸独鳏寡"之人像自己的兄弟一般，公平处事，公正执法。可见，白鹿洞书院的讲学能够与现实情况相联系，体现出其社会责任和担当。

第三是举行祭祀活动。书院祭祀是一种严肃而隆重的仪式，整个过程都有严格的规定，繁复而有序，其目的是通过强烈的仪式感，深化学子对儒家文化的感知，提升学子的归属感和认同感，以达到提升道德修养的目的。正如朱熹所言："惟国家稽古命祀，而祀先圣先师于学宫，盖将以明夫道之有统，使天下之学者，皆知有所向往而几及之，非徒修其墙屋、设其貌象、盛其器服，升降俯仰之容，以为观美而已也。"①

———————

① 朱熹.朱子全书［M］.上海：上海古籍出版社，2002，第3806页。

南宋淳熙七年（1180），白鹿洞书院落成，朱熹遂于三月十八日举行释菜礼，祭祀先圣孔子及先师衮国公颜回、邹国公孟子。释菜之后，朱熹升堂讲学。释菜礼是指始入学的时候，以芹藻之属礼祀先师。《学记》："大学始教，皮弁祭菜，示敬道也。"此后，释菜礼成为白鹿洞书院讲学之初所要举行的仪式。

此次的祭祀是在讲堂里举行的，设席于地上，以孔子、颜回、孟子神位置其上，神位前设芹、笋等祭品，再设香案、香炉等。朱熹率南康军官吏、书院师生等人穿着深衣，在掌仪、引赞等人员的引导下，恭敬地献爵、跪拜，并宣读祝文。朱熹《白鹿洞成告先圣文》："维淳熙七年岁次庚子三月癸丑朔十八日庚午，具位敢昭告于先圣至圣文宣王：熹昨按国朝故事及郡图经，得白鹿洞之遗址于城东北十五里，盖唐李渤之隐居，江南李氏因以为国学。及我太宗皇帝又尝赐之书史，以幸教其学者。而沦坏日久，莽为丘墟。因窃惟念幸以诸生得奉诏条，专以布宣教化为职，顾弗此图，惧速谴戾，乃议复立，今幸讫功。将率同志讲学其间，意庶几乎先圣先师之传，用以答扬太宗皇帝之光训。鼓箧之始，敢率宾佐，合师生，恭修释菜之礼，以见于先圣，以先师衮国公、先师邹国公配。尚飨。"《告先师文》："熹仰稽国典，建此学宫，鼓箧之初，恭修释菜之礼。惟公（衮国）发扬圣蕴，垂教无穷；惟公（邹国）命世修业，克绍圣传。敢率故常，式陈明荐，从祀配神。尚飨。"[①] 这样的祭祀简单而庄重，没有丰盛贵重的祭品，也没有繁文缛节的仪式，却使人肃然起敬。

第四是完善学田制度。朱熹购置学田，为书院发展谋取长久稳定的经费来源。为了保护书院学田，朱熹刻字立石，划清疆界，并且由官府行文，成为书院维护其田产的法律依据。朱熹《洞学榜》云："山林田土，亦已标签界至，措置拨买。规模一新，可垂久远。……窃虑向后诸色等人不知上

---

① 朱熹.朱子全书［M］.上海：上海古籍出版社，2002，第4037页。

件事理，辄有毁坏，以至偷盗文籍、侵占田土，及过往之人妄有骚扰，事属不便，须至晓示者。"其《请洞学堂长帖》："修复白鹿洞书院，已差补职事学生入洞管干讫。……今睹学录杨日新年高老成，在洞供职，纪纲庶事，表率生徒，绩效可观。"可知朱熹已经对于田产管理、管理人员等事项进行有效安排，并以公文形式将这些举措制度化，使之具有法律效力。

第五是藏书建设。朱熹上书朝廷，请求皇帝赐予白鹿洞书院儒家经典。为此，朱熹还特意提及太宗赐"九经"的历史，以动圣听。他在《乞赐白鹿洞书院敕额》中说："欲望圣明俯赐鉴察，追述太宗皇帝、真宗皇帝圣神遗意，特降敕命，仍旧以白鹿洞书院为额，仍诏国子监，仰摹光尧寿圣宪天体道性仁诚德经武纬文太上皇帝御书石经及印版九经注疏、《论语》《孟子》等书，给赐本洞奉守看读，于以褒广前列，光阐儒风，非独愚臣学子之幸，实天下万世之幸。"淳熙八年（1181）十一月，朱熹利用面圣的机会，再次向皇帝提出为白鹿洞书院赐额赐书的请求，最终得到孝宗皇帝的恩准。朝廷此次赐书包括：宋高宗御书"石经"，即由宋高宗赵构御笔书写并刻石的《易经》《诗经》《尚书》《左传》《论语》《孟子》六部经典及《礼记》中的《大学》《中庸》等五篇的拓本；刻本《九经注疏》《论语》《孟子》等，都是儒家的重要典籍。

争取御赐图书，是为了争取朝廷对白鹿洞书院的认同和支持。而不断充实白鹿洞书院的藏书，需要广泛地寻求赠书。首先，朱熹向白鹿洞书院捐赠《汉书》一部。这部汉书的主人刘式早年读书于白鹿洞庐山国学，如今其藏书又入藏白鹿洞书院，实在是一件幸事。其次，朱熹广发信函，向同僚亲朋募捐书籍。时江西帅张子颜、提举陆游、转运副使钱佃；江东帅陈俊卿、提举尤袤、转运判官王师愈等皆有赠书，使白鹿洞书院藏书得到充实。为了激发他人向白鹿洞书院赠书的积极性，并有效地保护藏书，朱熹提出"书办乞以公牒发来，当与收附，或刻之金石，以示久远计"，将捐书者的姓名刊石传世，以表达对献书者的感激和鼓励，同时也以公文的形式对书籍进行保护。

此外，朱熹还为白鹿洞书院留下了数十篇诗歌文章，多处摩崖石刻。

朱熹在白鹿洞留下的所有物质遗产和精神遗产，都是白鹿洞书院取之不尽、用之不竭的珍贵资源，也代表了中华优秀传统文化生生不息的智慧源泉。

经过朱熹的修复与振兴，白鹿洞书院成为书院建设的样板，影响着中国古代书院的发展和演变，也影响着中国古代教育的发展和演变。

在朱熹之后，其同道师友、弟子门人及追随者相继投身白鹿洞书院的建设中，他们有的兴建馆舍，有的聚会讲学，把白鹿洞书院建设成理学重镇，成为全天下读书人敬仰和向往的地方。

可以说，朱熹是白鹿洞书院发展史上最重要的人物。没有朱熹，就没有白鹿洞书院的重兴；没有朱熹，就没有白鹿洞书院无比辉煌的历史和极其崇高的地位。

自南宋以来，白鹿洞书院对于朱熹的尊崇长盛不衰。

在朱熹生前，白鹿洞书院的师生就在讲堂内设朱熹画像进行祭祀。朱熹听说之后，连忙劝阻。他在写给友人的信中说："但闻或者乃欲画某形象，置之其间，令人骇然，不知谁实为此？……幸以此示诸人，亟以毁撤为佳。"南宋开禧元年（1205），距离朱熹去世不久，白鹿洞书院师生在讲堂中祭祀周敦颐、程颢、程颐及朱熹。明代正统年间，南康知府翟溥福在大成殿之西建三贤祠，祭祀李渤、周敦颐、朱熹三位先贤。弘治末年，提学副使邵宝建宗儒祠，祭祀周敦颐、朱熹两位先贤，以曾从学于白鹿洞的十四位朱熹弟子作为陪祀。康熙四十八年（1709），南康知府张象文建造紫阳祠，专门祭祀朱熹及其弟子。

如今的白鹿洞书院，既有专门祭祀朱熹的朱子祠，也有以朱熹别号命名的紫阳书院。

朱子祠是白鹿洞书院中专门祭祀朱熹的地方。门楣上悬挂着"朱子祠"行书匾额，落款为"湘东李铎"。两侧楹联为："列嶂成垣，永护考亭之遗迹。环溪作泮，遥通泗水之真源。"此联由明代高贲亨撰，当代书法家李铎书写。高贲亨，浙江临海人。正德九年（1514）进士，历任刑部郎中，江西按察

白鹿洞书院老照片

司金事等职。高贲亨在江西任职期间，聘请饱学之士出任白鹿洞书院山长，择优选拔书院学子，制定《白鹿洞十戒》。上联写白鹿洞书院四周有后屏山、左翼山、卓尔山等青山环伺，犹如宫墙，护卫着朱熹经营创建的白鹿洞书院。下联写贯道溪由远处潺潺而来，流经书院前方，折而奔流出山，若环若带，其上游似乎遥接泗水，联通孔夫子讲学之所。

祠内正中悬挂康熙御笔"学达性天"匾额。"学达性天"是康熙皇帝对朱熹等理学大家的学术精神和学术旨归的概括和尊崇。《论语·宪问》："子曰：'莫我知也夫？'子贡曰：'何为其莫知子也？'子曰：'不怨天，不尤人，下学而上达。知我者，其天乎！'"意思是，有一天孔子感叹说："没有人知道我呀！"子贡问："为什么没有人知道您呢？"孔子回答说："不怨恨天，不责备人。学习一些平常的知识，却透彻了解很高的道理。知道我的，只是天吧！"宋儒解释说"下学上达"是为学之要，"盖下学人事，便是上达天理"。"学达性天"就是通过格物致知的学习过程，使自己的全部行为准则符合宇宙法则的要求。

祠内正中立朱子自画像石刻,石刻上端为篆书"宋徽国文公朱晦庵先生遗像",右侧题"从容乎礼法之场,沉潜乎仁义之府,是予盖将有意焉,而力莫能与也。佩先师之格言,奉前列之余矩,惟暗然而日修,或庶几乎斯语。"左侧题"绍熙元年孟春良日,熹对镜写真,题以自警。大清光绪十五年仲秋吉旦,新安余庭训敬摹。"这是清代光绪十五年(1889)摹刻的朱熹自画像。南宋绍熙元年(1190),朱熹接到出任漳州知州的任命,又有了施展才能、报效国家的机会,心中十分高兴,因此对着镜子把自己的容貌画下来,并题词自警。其自警词的大意是:"从容自若地置身于礼法之间,专一深入地倾心于仁义之中,这是我一生的奋斗目标,也许全力奉行也难以到达。我要敬仰先师孔子留下的教诲,遵循前贤走过的足迹,让自己努力修身日省,或许能够实现这些愿望。"

自画像石刻东侧是康熙四十九年(1710),南康知府张象文撰《文公朱子专祠碑记》,记述紫阳祠的建设始末。自画像石刻西侧是乾隆三年(1738),南康知府董文伟、星子知县冯淳、主洞章国录与督洞教官、肄业生员等同立朱熹《白鹿洞书院教条》,附录《程、董二先生学则》及朱熹跋文。

祠内两壁是从祀诸人的画像。东面依次为:陆九渊、周敦颐、彭方、李燔、周耜、蔡沈、彭蠡、吕炎、陈宓。

陆九渊(1139—1193),字子静,号存斋,世称象山先生,谥号文安,抚州金溪(今江西金溪)人。乾道八年(1172)进士,历任靖安主簿、崇安知县、国子正等职,有《陆九渊集》传世。其学说经明代王阳明的继承和发展,成为陆王心学。淳熙八年(1181)二月,陆九渊应朱熹之邀到白鹿洞书院讲学,一时称盛。明清两朝崇祀于白鹿洞书院宗儒祠。

周敦颐(1017—1073),原名周敦实,字茂叔,道州营道(今湖南道县)人。曾任分宁主簿、南安军司理参军、南康知军、广东提刑等职。晚年定居庐山莲花峰下,筑濂溪书堂以居,被尊为濂溪先生。黄庭坚赞其"人品甚高,胸怀洒落,如光风霁月"。逝后葬于庐山北麓,谥号元公。著有《太极图说》

《通书》《爱莲说》等，被奉为理学开山之祖。南宋时崇祀于白鹿洞书院讲堂，明清两朝崇祀于白鹿洞书院宗儒祠。

彭方，字季正，又字季直，号强斋，谥号文定，江西都昌人。绍熙四年（1193）进士，曾任池州教授、袁州提举、兵部右侍郎、龙图阁学士等，多有德政。少时随父彭蠡同至白鹿洞书院，就学于朱熹。著有《强斋集》等。明代从祀白鹿洞书院宗儒祠，清代从祀白鹿洞书院紫阳祠。

李燔（1163—1232），字敬子，号弘斋，谥号文定，南康军建昌（今江西永修）人。绍熙元年（1190）进士，曾任岳州教授、襄阳教授、潭州通判等职。从学于朱熹，朱熹称赞他"交友有益，而进学可畏，且直谅朴实，处事不苟"。曾任白鹿洞书院堂长，学子闻风而至。讲学事业之兴盛，当时无与伦比。明代从祀白鹿洞书院宗儒祠，清代从祀白鹿洞书院紫阳祠。

周耜，字植叟，南康军星子（今江西庐山）人。博雅好古，笃学工文。绍熙年间（1190—1194）被聘为白鹿洞书院洞正，勤于讲学，至老不倦。曾辑《朱子语录》，以授学生。明代从祀白鹿洞书院宗儒祠，清代从祀白鹿洞书院紫阳祠。

蔡沈（1167—1230），或作蔡沉，字仲默，号九峰先生，谥号文正，福建建阳人。蔡沈是名儒蔡元定之子，师事朱熹于白鹿洞书院。专精于《尚书》，参考众说，融会贯通，所著《书集传》是元明清三朝科举考试所用的标准注本，影响深远。明代从祀白鹿洞书院宗儒祠，清代从祀白鹿洞书院紫阳祠。

彭蠡（1146—1200），字师范；又名凤，字子仪，号梅坡，江西都昌人。朱熹兴复白鹿洞书院，彭蠡与兄彭寻、子彭方一起受业于朱熹门下。彭蠡学问渊博，甚得朱熹赏识，称其为"吾友彭师范胜士"。彭蠡曾任白鹿洞书院经谕，讲授《四书》及《西铭》，辨析甚精。著有《皇极辨》等。明代从祀白鹿洞书院宗儒祠，清代从祀白鹿洞书院紫阳祠。

吕炎，字德明，南康军建昌（今江西永修）人。与兄吕熠（字德艺）、弟吕炳（字德文）、吕焘（字德昭）、吕焕（字德远）一同就学白鹿洞书院，师从朱熹。兄弟五人，学成而归，隐居不仕，道德声望为时所重，人称"五吕先生"，有"朱门五贤一家"之誉。其中吕焘、吕炎从学朱熹最久。明代从祀白鹿洞书院宗儒祠，清代从祀白鹿洞书院紫阳祠。

陈宓（1171—1230），字师复，号复斋，福建莆田人。陈宓是朱熹好友陈俊卿之子，少时即亲炙朱熹门下，深受期许。著有《春秋三传钞》《复斋文集》等。嘉定九年（1216），陈宓任南康知军，修葺白鹿洞书院，聘请胡泳为堂长。政事之余，亲至白鹿洞书院讲学。明代从祀白鹿洞书院宗儒祠，清代从祀白鹿洞书院紫阳祠。

西边依次为：程颢、程颐、黄灏、张洽、冯椅、吕焘、胡泳、林用中、黄榦。

程颢（1032—1085），字伯淳，世称明道先生，谥号纯公，河南府（今河南洛阳）人。嘉祐二年（1057）进士，曾任上元主簿、晋城令、太子中允、签书镇宁军判官等职。程颢与弟程颐并称二程，少年时就学于周敦颐，曾感慨道："自再见周茂叔后，吟风弄月以归，有'吾与点也'之意。"著作刊入《二程全书》中。其学说经朱熹发扬光大，成为影响深远的程朱理学。南宋时崇祀于白鹿洞书院讲堂，明清两朝崇祀于白鹿洞书院宗儒祠。

程颐（1033—1107），字正叔，世称伊川先生，谥号正公，河南府（今河南洛阳）人。曾任崇政殿说书、管勾西京国子监等职。程颐与兄程颢并称二程，少年时一起就学于周敦颐，周敦颐常令二人"寻孔颜乐处"，使二程兄弟深受教益。著有《周易程氏传》等，与兄合刊为《二程全书》。其学说经朱熹发扬光大，成为影响深远的程朱理学。南宋时崇祀于白鹿洞书院讲堂，明清两朝崇祀于白鹿洞书院宗儒祠。

黄灏，字商伯，一字景夷，号西坡，谥号文简，江西都昌人。隆兴元年（1163）进士，任隆兴府教授。任职期间，黄灏听说朱熹重兴白鹿洞书院，遂登门拜谒，执弟子礼。黄灏论学，平正精切，深得朱熹赞赏，称其为门友，相与商榷学问。黄榦称赞其"神清气勇，襟怀卓荦""临民多惠政，立朝多壮节"。明代从祀白鹿洞书院宗儒祠，清代从祀白鹿洞书院紫阳祠。

张洽（1161—1237），字元德，号主一，谥号文宪，临江军清江（今江西樟树）人。嘉定元年（1208）进士，曾任袁州司理参军、永新知县、池州通判、直秘阁等。从学于朱熹，学问广博，履行纯粹，尤长于《春秋》，著有《春秋集注》《春秋集传》等。宋理宗时，张洽任白鹿洞书院山长，选拔好学之士，讲学不辍，并收回被豪强侵占的学田。明代从祀白鹿洞书院宗儒祠，清代从祀白鹿洞书院紫阳祠。

冯椅（1140—1231），字仪之，一字奇之，号厚斋，江西都昌人。绍熙四年（1193）进士，授德兴县尉，调江西运干，摄上高令。就白鹿洞书院从学于朱熹，尤精于《周易》，著有《厚斋易学》等，朱熹称赞其“进学不倦”。致仕后，居家授徒，专心著述。去世后，赠尚书衔。明代从祀白鹿洞书院宗儒祠，清代从祀白鹿洞书院紫阳祠。

吕焘，字德昭，号月坡，南康军建昌（今江西永修）人。与兄吕熠（字德艺）、吕炎（字德明）、吕炳（字德文）、弟吕焕（字德远）一同就学白鹿洞书院，师从朱熹。兄弟五人，学成而归，隐居不仕，道德声望为时所重，人称“五吕先生”，有“朱门五贤一家”之誉。其中吕焘、吕炎从学朱熹最久。明代从祀白鹿洞书院宗儒祠，清代从祀白鹿洞书院紫阳祠。

胡泳，字伯量，号洞源先生（一作桐源先生、桐柏先生），南康军建昌（今江西永修）人。早年从学朱熹于白鹿洞书院，朱熹赞其治学“坚苦”，兄弟“孝友”。嘉定十一年（1218），胡泳任白鹿洞书院堂长。同年四月，胡泳与陈宓、李燔等会讲于白鹿洞书院，在流芳桥留下摩崖题刻。嘉定十五年（1222），胡泳等七十八人会讲于白鹿洞书院，在枕流桥留下摩崖题刻。明代从祀白鹿洞书院宗儒祠，清代从祀白鹿洞书院紫阳祠。

林用中，字择之，一字敬仲，号东屏，又称草堂先生，福建古田人。不乐仕途，一生以讲学为业，著有《东屏集》《草堂集》等。朱熹兴复白鹿洞书院，林用中陪侍左右，并参与书院讲学。朱熹称赞他“操履甚谨，思索愈精”“通悟修谨，嗜学不倦”，视之为畏友。明代从祀白鹿洞书院宗儒祠，清代从祀白鹿洞书院紫阳祠。

　　黄榦（1152—1221），字直卿，号勉斋，谥号文肃，福建闽县人。曾任新淦知县、安庆知府、大理寺丞等职。著有《勉斋集》《礼记集注》等。朱熹称赞他"明睿端庄，造诣甚笃"。朱熹兴复白鹿洞书院，黄榦襄赞甚多。嘉定十年（1217），朱熹之子朱在修葺白鹿洞书院，请黄榦撰《南康军新修白鹿洞书院记》。明代从祀白鹿洞书院宗儒祠，清代从祀白鹿洞书院紫阳祠。

　　紫阳书院位于白鹿洞书院明伦堂之东，主要包括门楼、崇德祠、文会堂、碑廊等建筑。在白鹿洞书院的发展史上，以李渤开创、朱熹兴复这两件事情最为重要，因此白鹿洞书院即因李渤而命名，紫阳书院则因朱熹而命名，二贤并峙，令后世景仰。"紫阳"是朱熹的别称。朱熹居崇安时，曾命名厅堂曰紫阳书堂，后世遂以紫阳代称朱熹。

　　紫阳书院的门楼嵌"紫阳书院"四字匾额，是著名哲学家冯友兰于1988年11月题写，时年93岁。紫阳书院的主体建筑是崇德祠，门楣上悬挂着"崇德祠"三个隶书大字，两旁悬挂着一副由冯友兰撰并书的楹联："祠尊紫阳，院纪白鹿。道致广大，学尽精微。"上联点明白鹿洞书院历史上声名最著、贡献最大的两位先贤，以"紫阳"对"白鹿"，工稳妥帖。下联以简明之语言评价朱熹之学说，要言不烦，切中肯綮。"道致广大学尽精微"典出《中庸》："故君子尊德性而道问学，致广大而尽精微，极高明而道中庸。"冯友兰在《中国哲学简史》中评价朱熹："儒家在汉朝获得统治地位，主要原因之一是儒家成功地将精深的思想与渊博的学识结合起来。朱熹就是儒家这两个方面的杰出代表。他的渊博的学识，使他成为著名的学者；他的精深的思想，使他成为第一流哲学家。"[①]"道致广大，学尽精微"正是对此评语的精炼概况。

　　崇德祠后是文会堂，取"以文会友"的意思，是书院里讲学论道的地

---

① 　冯友兰. 三松堂全集：第6卷［M］. 郑州：河南人民出版社，2000，第249页。

方。文会堂两侧楹联是："白鹿洞开，泉谷烟霞竞秀。紫阳道在，圣贤师友同归。"上联描写白鹿洞书院优美的环境，泉谷烟霞，争奇竞秀。书院大都建在环境幽雅的地方，既可以隔绝尘俗，收摄心神，潜心读书，又可以借山林的清幽来怡神养性、清心正气，使得书院教学的环境与书院注重修身养性的教育目的相配合。下联勉励学子遵从朱熹的教导，以格物致知的方法，在日常生活中发现普遍的规律，进而体悟天道至理，便可与圣贤师友同归于儒家的理想人格境界。

走在白鹿洞书院，我们总能感受到朱熹那深远而广大的影响，或许来自一方石刻，或许来自一副楹联，或许来自一草一木……就让我们放慢脚步，分辨历史的回声，仔细体会先贤的智慧。

义利之辨流芳千秋

陆九渊（1139—1193），字子静，号存斋，世称象山先生，谥号文安，抚州金溪（今江西金溪）人。乾道八年（1172）进士，历任靖安主簿、崇安知县、国子正等职，有《陆九渊集》传世。

陆九渊画像

陆九渊自幼便显露出善于沉思和直觉灵敏等内向早熟型性格特征，"幼不戏弄""静重如成人""遇事物必致问"，[1] 与同龄的孩童截然不同。有一次，他好奇地向父亲询问："天地何所穷际？"父亲看到他认真的模样，默然一笑，并未回答。陆九渊却在追问和思索中越陷越深，以至于废寝忘食。直到被父亲呵斥，他才暂时走出玄思。

然而，陆九渊并未就此放手，反而在读书的过程中不

---

① 陆九渊.陆九渊集［M］.钟哲点校，北京：中华书局，2020，第549页。

断思索"天地之际"的问题。这种追根溯源的探寻,使得陆九渊志向专一,少年老成,读书专注,勤于思考,敢于怀疑经典。他曾回忆自己少年读书岁月:"某从来勤理会,长兄每四更一点起时,只见某在看书,或检书,或默坐。常说与子侄,以为勤,他人莫及。"[①]可见陆九渊读书有多么勤奋了。八岁的时候,陆九渊读《论语·学而》,就怀疑有子的言论不符合圣人的思想。又听到别人谈论程颐的言论,认为程颐的观点与孔孟的观点不同。13岁的时候,陆九渊读古书读到"宇宙"二字,豁然开朗,提笔大书:"宇宙内事乃己分内事,己分内事乃宇宙内事。"16岁时,陆九渊读三国、六朝史,又听到长辈讲述靖康之难的往事,悲愤异常,于是学习弓马,准备日后投笔从戎,收复中原。此后一直与诸兄共讲古学,无意于科举考试。24岁的时候,陆九渊在长辈的劝告之下,勉强参加科举考试,考中乡试第四名。34岁的时候,登进士第,名声大振,前来从游者颇多。这年秋天,陆九渊回到故乡,在槐堂书屋开堂讲学,同里学者朱济道、朱亨道等人皆前来问学,陆学门庭初具规模。

淳熙二年(1175)夏,吕祖谦到福建拜访朱熹,二人合作完成《近思录》的编纂。吕祖谦离开时,朱熹从福建一直送到了江西境内。于是吕祖谦提议约见被称为江西二陆的陆九龄、陆九渊兄弟,交流彼此的思想,于是就有了著名的鹅湖之辩。

双方见面之后,陆九龄就吟诵了一首诗:"孩提知爱长知钦,古圣相传只此心。大抵有基方筑室,未闻无址忽成岑。留情传注翻蓁塞,着意精微转陆沉。珍重友朋相切琢,须知至乐在于今。"大意是说小孩就知道爱父母,长大之后自然而然地知道对父母孝敬,古代圣贤传承下来的只有这一颗本心。就像有了地基才能造房子,从来不会凭空出现一座山一样。太过留心经典的传注就会堵塞我们的良知,太过关心精微的东西就会妨碍我们的品

---

① 陆九渊.陆九渊集[M].钟哲点校,北京:中华书局,2020,第530页。

陆九渊:义利之辨流芳千秋

39

行。我们今天彼此切磋一番，真是件快乐的事情啊。陆九龄的诗讲的是以"尊德性"为先，批评朱熹以"道问学"为先的主张。不过，陆九龄的诗作平和中正，令人易于接受。在辩论的环节，双方坚持己见，互不相让。由于吕祖谦的居中调和，双方都没有把最棘手的问题抛给对方。陆九渊准备的问题是：如果必须读书才能做到圣贤，那么尧舜之前有何书可读？朱熹准备的问题是：如果不读书，孔子每天带着弟子做什么呢？辩论到了最后，陆九渊吟诵了一首诗："墟墓兴哀宗庙钦，斯人千古不磨心。涓流积至沧溟水，拳石崇成泰华岑。易简工夫终久大，支离事业竟浮沉。欲知自下升高处，真伪先须辩只今。"陆九渊所表达的思想与兄长陆九龄所表达的一样，只是语气更冷峻，态度更坚决。当朱熹听到"简易功夫终久大，支离事业竟浮沉"这一句时，脸色都变了。鹅湖之会，最终不欢而散。

事后，双方时常有书信往来，讨论学问。其间，二陆的母亲去世，陆氏兄弟写信给朱熹，请教有关丧礼的各种问题。朱熹逐一详细解答，使二陆为之心服。陆九渊还曾主动拜会朱熹，诚恳地反思自己的偏颇。朱熹对此十分高兴，写了一首追和二陆的诗作："德业流风夙所钦，别离三载更关心。偶携藜杖出寒谷，又枉篮舆度远岑。旧学商量加邃密，新知培养转深沉。只愁说到无言处，不信人间有古今。"期待双方不断商讨旧学，然后将旧学融化为新知；同时，又用新知去培养心灵的成长。

淳熙六年（1179），朱熹出任江西南康知军，陆九渊出任福建崇安县主簿，这是一次非常有意思的巧合，朱熹来到陆九渊的故乡，陆九渊来到朱熹成长的地方，这为他们更加深入地了解彼此提供了条件。

淳熙八年（1181）二月，陆九渊率领数名弟子来到南康军拜访朱熹。朱熹对此十分高兴，他与陆九渊一起泛舟游览，面对雄奇秀丽的山水风光，朱熹感慨地说道："自有宇宙以来，已有此溪山，还有此佳客否？"陆九渊听了之后，会心一笑。

不同于鹅湖之会的剑拔弩张，朱熹和陆九渊的此次相会充满了和谐的气氛，这不仅是朱陆二人更加了解对方之后的惺惺相惜，大概也有赖于庐山那隐逸高士般的冲淡气场。两位高贤从最初的碰撞，继而相互了解、相互欣赏，最终冰释前嫌，促膝交谈，共同维护孔孟之道。

二月十日，朱熹郑重其事地邀请陆九渊来到新建的白鹿洞书院为众人讲学，陆九渊于是选取《论语·里仁》中的"君子喻于义，小人喻于利"作为题目，开始了他的演讲：

　　某虽少服父兄师友之训，不敢自弃，而顽钝疏拙，学不加进，每怀愧惕，恐卒负其初心。方将求针砭镌磨于四方师友，冀获开发，以免罪戾。比来得从郡侯秘书至白鹿书堂，群贤毕集，瞻睹盛观，窃自庆幸。秘书先生、教授先生不察其愚，令登讲席，以吐所闻。顾惟庸虚，何敢当此。辞避再三，不得所请。取《论语》中一章，陈平日之所感，以应嘉命，亦幸有以教之。

　　子曰：君子喻于义，小人喻于利。此章以义利判君子小人，辞旨晓白，然读之者苟不切己观省，亦恐未能有益也。某平日读此，不无所感：窃谓学者于此，当辨其志。人之所喻由其所习，所习由其所志。志乎义，则所习者必在于义，所习在义，斯喻于义矣。志乎利，则所习者必在于利，所习在利，斯喻于利矣。故学者之志不可不辨也。科举取士久矣，名儒钜公皆由此出，今为士者固不能免此。然场屋之得失，顾其技与有司好恶何如耳，非所以为君子小人之辨也。而今世以此相尚，使汩没于此而不能自拔，则终日从事者，虽曰圣贤之书，而要其志之所乡，则有与圣贤背而驰者矣。推而上之，则又唯官资崇卑、禄廪厚薄是计，岂能悉心力于国事民隐，以无负于任使之者哉！从事其间，更历之多，讲习之熟，安得不有所喻？顾恐不在于义耳。诚能深思是身，不可使之为小人之归，其于利欲之习，怛焉为之痛心疾首，专志乎义而日勉焉，博学审问，慎思明辨而笃行之。由是而进于场屋，其文必皆道其平日之学。胸中之蕴，

陆九渊：义利之辨流芳千秋

而不诡于圣人。由是而仕，必皆共其职，勤其事，心乎国，心乎民，而不为身计。其得不谓之君子乎！

秘书先生起废以新斯堂，其意笃矣。凡至斯堂者，必不殊志。愿与诸君勉之，以毋负其志。[①]

讲义的第一部分是开场白，陆九渊以谦逊的语气开始了这次演讲。第二部分是正文。陆九渊首先揭示了演讲的主题，以义利判别君子和小人。以义利分辨志向，是陆九渊发明的最为切要的心学入门教法。陆九渊要利用这次白鹿洞书院讲演的机会，向朱熹及其门人宣讲自己的心学思想，以期产生共鸣和交流。陆九渊首先通过层层递进的严密推理，得出"学者之志，不可不辨"的观点，其推理过程环环相扣，紧密结合，得出的观点不容置疑。接着陆九渊联系科举现实和学术弊病，讲明要善于在考试得失、官职尊卑、利禄厚薄之间辨别义利，并以此区分君子与小人。由于陆九渊所论述的话题与当时士人的切身利益息息相关，因此特别能够震动心魄。第三部分是结束语，陆九渊表达愿与大家共勉，以君子为志。

这次演讲取得了巨大的成功。听讲者都深深受到震撼，以至于有的人竟然流下了眼泪。就连朱熹都听得出了一身汗，不得不在春寒料峭的日子里挥动扇子，用来取凉。

演讲结束后，朱熹走到陆九渊的面前，诚恳地说道："我定当与诸生共守君子之志，不敢忘记陆先生的教诲。"又再三表示："我在这里没有讲出过如此鞭辟入里的道理，惭愧惭愧。"最后朱熹请陆九渊将演讲内容手书成稿，以便刻石纪念。朱熹还为陆九渊的讲稿写下一段跋文：

淳熙辛丑春二月，陆兄子静来自金溪，其徒朱克家、陆麟之、周清叟、熊鉴、路谦亨、胥训实从。十日丁亥，熹率僚友诸生，与俱至于白鹿书院，请得一言以警学者。子静既不鄙而惠许之，至其

---

① 陆九渊.陆九渊集［M］.钟哲点校.北京：中华书局，2020，第315—316页。

所以发明敷畅，则又恳到明白，而皆有以切中学者隐微深痼之病，盖听者莫不悚然动心焉。熹犹惧其久而或忘之也，复请子静笔之于简而受藏之。凡我同志，于此反身而深察之，则庶乎其可不迷于入德之方矣。新安朱熹识。①

由此可见朱熹对这篇讲义的重视程度。

陆九渊和朱熹两位大儒，早期在鹅湖之会上各持己见，针锋相对，以至于不欢而散；后期在白鹿洞之会上相互欣赏，彼此敬重。正如黄宗羲在《宋元学案》中所说："二先生同植纲常，同扶名教，同宗孔孟，即使意见终于不合，亦不过仁者见仁，智者见智，所谓'学焉而得其性之所近'。原无有背于圣人，矧夫晚年又志同道合乎！"②

朱熹邀请陆九渊演讲是白鹿洞书院历史上的重大事件，被后世学者所敬仰、所向往。明嘉靖二十七年（1548），白鹿洞书院洞主冯元特意立碑，刊刻陆九渊《白鹿洞书堂讲义》和朱熹《白鹿洞赋》，名曰《二贤洞教》，现存白鹿洞书院东碑廊中。而陆九渊也被崇祀于白鹿洞书院宗儒祠中，受到后世的膜拜。

① 陆九渊.陆九渊集［M］.钟哲点校.北京：中华书局，2020，第316页。
② 黄宗羲.宋元学案［M］.全祖望补修.北京：中华书局，1986，第1887页。

白鹿洞书院在元至正十一年（1351）毁于战火，之后一直处于荆榛之中，无人问津。至正二十六年（1366）秋，王祎出任南康府同知，才有机会首次记录被焚毁之后的白鹿洞书院。他在《游白鹿洞记》中写道："书院毁已十五年，树生瓦砾间，大且数围。前有石桥曰濯缨，其左又有石桥曰枕流。过枕流，则从列女庙登北冈。冈上有大杉木，六七百年物也，有司今尽伐为御殿物矣。于是书院所存者，独此二桥。从卒指殿堂斋庐及风泉云壑楼故处以告，甚历历。慨想昔日规制不可见，惟闻山鸟相呼，鸣山谷虚，余韵悠扬，恍类弦歌声。"[1]从记文中我们可以了解到当时书院的荒芜景象。王祎之后，每位来到白鹿洞的人都会发出沉重的叹息声，只好慨叹："荒榛迷故址，啼鸟怨清秋。前辈今何在？伤嗟忆旧游。"（余鼎诗句）

直到明英宗正统三年（1438），南康知府翟溥福于草莱

---

① 滑红彬，刘佳佳．庐山古代游记汇编［M］．南昌：江西人民出版社，2018，第42—43页。

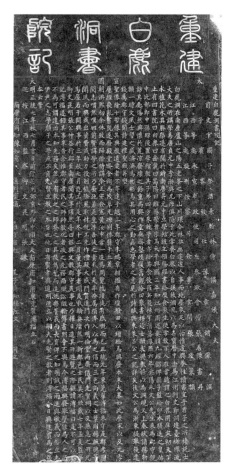

胡俨《重建白鹿洞书院记》拓片

中重建白鹿洞书院，才使这一著名学府在沉寂 87 年之后重获新生，走上复兴之路。

翟溥福（1381—1450），本名溥，以字行，又字本德，别号慎庵，广东东莞人。永乐元年（1403），登进士第，历任青阳、新淦县令及刑部主事、员外郎等职。正统元年（1436），出任南康知府。翟溥福为政尚宽，教之以礼，怀之以恩，能够体察民情，访问疾苦，减轻刑罚，杜绝横征暴敛。曾有饥民盗窃官粮，按照惯例将会被处以极刑，而他则说："民迫于饥寒，误触法网，并非故意犯罪。"只是杖责而已。在他的治理下，南康府颇有改观。

政事之余，翟溥福便探访庐山各处古迹，当他得知白鹿洞书院自从元末毁于兵火后一直荒芜至今，不禁喟然叹曰："前贤讲学的地方，如今破败成这个样子，难道不是我们的责任么？"于是率先垂范，捐款修葺，此举得到了地方官吏以及叶刚、梁仲、杨振德等尚义之士的支持和响应，有的人出钱款，有的人出劳力，纷纷参与到书院的重建工作中。自正统三年（1438）七月至十二月，陆续建成礼圣殿、大成门、贯道门、明伦堂、两斋、仪门、先贤祠等建筑，使荒废已久、野兽出没的白鹿洞，重新成为一个兴盛的教学场所，美轮美奂，灿然一新。李龄《重修白鹿洞书院记》记载，"钱闻诗建礼圣殿，塑宣圣，绘十哲像……历宋及元，屡经兵燹，书院遂废。我朝正统丙辰，东莞翟君溥福继守是邦，仍其旧址，复构殿立像；殿前有大成门。右有先贤祠，中白鹿、左濂溪、右晦庵三先生像；像前有二程、张横渠、陈了翁、陶靖节、刘西涧父子七先生神主在焉。殿左有明伦堂、东西斋、仪门、贯道门。堂左有文会堂。祠左有燕息房总若干间。"[1] 对于翟溥福重建白鹿洞书院的规制叙述得非常清晰。

翟溥福重建白鹿洞书院的规制，奠定了后来白鹿洞书院建筑布局的基础。清朝初年，黄宗羲在《匡庐游录》中说："今之规制，大略从翟守也。"[2]时至今日，白鹿洞书院的建筑布局依然沿袭着翟溥福的规制。

除了为书院建造殿堂馆舍之外，翟溥福还恢复了书院的教学活动。他聘请致仕乡居的何博士为师，选拔当地优秀生员到洞中学习。每月朔望之日，翟溥福还亲自来到洞中，为诸生讲论经史，特别是涉及纲常伦理的话题，更是反复阐释，谆谆教诲。白鹿洞书院已经近百年没有看到青青子衿了，已经近百年没有听到琅琅书声了，在翟溥福的倡导下，师生们演习礼仪，

① 吴国富.新纂白鹿洞书院志［M］.南昌：江西人民出版社，2015，第35页。
② 滑红彬，刘佳佳.庐山古代游记汇编［M］.南昌：江西人民出版社，2018，第156页。

诵读经典，使得白鹿洞书院重获生机，并吸引众多民众前来围观，有皓首苍髯的老者，也有黄发垂髫的儿童。潜移默化之间，南康府的民风越来越淳厚，读书的风气越来越浓郁。

正统七年（1442），江西巡按徐谦因视察地方而来到南康府，当他听说白鹿洞书院业已恢复的消息后，高兴地说道："能兴文教，郡守美事也。"于是择日到书院游览，盛赞翟溥福恢复书院的功绩，认为如此盛事，不可无记。于是翟溥福请国子监祭酒胡俨为之撰文，左参政张居杰书丹，江西按察佥事张政篆额。胡俨《重建白鹿洞书院记》记述自唐代以来白鹿洞书院的历史沿革，着重介绍翟溥福重修书院的史实，称赞翟溥福"能为人之所不为，可谓达治本、知先务"，并勉励众人继承朱熹的教育理念，"拔俊髦而造就，乐菁莪而长育，俾之知明诚之两进，与敬义而偕立，志伊尹之志，学颜子之学，庶不负先贤立教之本旨"[①]。这通碑刊于正统七年，是白鹿洞书院现存最早的碑刻，被列为国家一级文物。它不仅记载着翟溥福兴复白鹿洞书院的功绩，而且阐释了书院教育的本旨和意义，是研究书院文化的重要文献。

正统十一年（1446），朝廷考核政绩，时年66岁的翟溥福以老病为由被要求退休，但当时巡抚江右的赵新深知翟溥福政绩卓著，遂高声说："翟溥福位江西郡守第一，未老，岂宜遽退！"但是翟溥福去意已决，恳告三日，始得致仕。从正统元年（1436）到正统十一年（1446），翟溥福在南康知府任上长达10年，兴利除弊，多有惠政。当其离任之际，属官多有赠送，翟溥福一一谢绝，丝毫不取。父老乡亲拉住他乘坐的船，痛哭流涕，迟迟不愿分别。回到老家之后，翟溥福深居简出，最大的乐趣就是教子孙们读书识字。

景泰元年（1450），翟溥福去世，享年70岁。白鹿洞书院在明代得到极大的发展，臻于鼎盛，翟溥福的首倡重建，厥功甚伟。后世将翟溥福崇祀于白鹿洞书院报功祠中，以示纪念。

---

① 吴国富.新纂白鹿洞书院志［M］.南昌：江西人民出版社，2015，第32页。

李龄

开启明代书院大兴的先声

正统年间，翟溥福重建白鹿洞书院，颇有成效，然而正如《中庸》所说："其人存，则其政举；其人亡，则其政息。"随着翟溥福的离开，白鹿洞书院又逐渐冷落下来。经过近 20 年的风雨侵蚀，白鹿洞书院的建筑多有损坏，教学活动也早已中断。直到李龄的到来，不但修复了书院的建筑，而且制定系统化的支持政策，使白鹿洞书院的发展重新步入正轨。

李龄（1406—1469），字景龄，号东坦，广东潮阳人。正统元年（1436）进士，曾任宾州（今广西南宁市）学正，力振道学，兴办学校，一反流俗。后因成绩斐然，升任国子监学录。天顺六年（1462），李龄出任江西按察使司提学佥事，管理江西全省学政。李龄自出仕以来，一直在教育系统任职，既有地方工作经验，又有最高学府履职经历，深知当时教育的弊病。本来教育是为了培养德才兼备的人才，然而在功利主义的影响之下，一切教学活动都简单地指向了科举考试。为了简化选拔人才的工作强度，各级考官以出怪题、偏题为能事，从经典中选择一些冷僻怪异的词句，甚至截头去尾凑成不伦不类的句子，将之作为考试内容。上有所好，下必甚焉。各级学校中没有人注重培养道德、锻炼技能，没有人关心经典中的真实含义，众人的全部精力都用在迎合考官，迎合怪异考题上。这样培养出来的学生只会随风迎合，这样选拔出来的官员只会追名逐利。

因此，当李龄来到江西之后，力倡纯正学风，大力尊崇正学。首先，李龄广建社学，严格选用教师，选定教材，制定教育方案，从蒙学教育抓起。他在《题〈养蒙大训〉后》中说："龄以壬午夏督学抵江右，首遵明诏，建社学，慎选硕儒，以训迪民间子弟。悉令先读小学、孝经，习乎事亲敬长之事。"①社学是最基层的学校，李龄在江西各地普遍建立社学，并严格管理社学的教学活动，其目的非常明确，那就是从蒙学开始培养正学之风，为造就人才打下坚实的基础。

重建蒙学教育虽然能够为改变学风打下坚实的基础，但是尚需较长的时日才能看到成效。李龄深知积重难返，那些年龄较高、业已定型的学子很难在短时间内接受正学，改变学风。于是李龄将目光锁定在白鹿洞书院，他要效仿朱熹，在官学体系之外重兴书院教育，建立高标准的高等教育，为教育系统提供标杆和榜样。李龄的策略非常好，抓住两头，带动中间，一头是抓好最基础的蒙学教育，正本清源；一头是抓好最高级的书院教育，引领风尚；使处于中间层级的府县学校不得不有所改变。

成化元年（1465），李龄终于踏入白鹿洞书院，游览先贤遗迹。他在《游白鹿洞书院》诗中写道：

> 殷勤谒庙度云岑，踏遍遗迹思不禁。
> 贯道雨余流水急，钓台春去落花深。
> 云山寂寞闲佳景，庭院萧条锁绿阴。

---

① 周修东.李龄年谱.载饶宗颐.潮学研究（九）[M].广州：花城出版社，2001，第50页。

李龄：开启明代书院大兴的先声

何日得偿兴复志，重来游赏觅知音。

看到这所海内知名的书院如此凋敝，李龄下定决心予以修复。当时的南康知府何濬（1403—1487）曾在国子监读书，是李龄的弟子。二人志同道合，于是共同担负起兴复白鹿洞书院的重任，李龄负责规划协调，何濬负责具体建设工作。何濬，字秉哲，河南灵宝人。景泰四年（1453）举人，历任象州知州、赵州知州，勤廉爱民，多有惠政。成化元年（1465）迁南康知府。

首先是修葺白鹿洞书院的建筑。李龄的《重修白鹿洞书院记》记载："成化纪年乙酉，龄奉命督学至南康。翌日，谒书院，仰瞻其陋，谋欲修之。适知府中州何君濬抵任，且在国学素有师弟之好，因以命之。君乃谋于推官沈瑛、知县周让，募义民广延华等，得谷五百斛，鸠工聚材，命主簿曹升，耆民廖笙、高鉴，教读唐维祯董其事。邑人闻声慕义，捐资财、施砖瓦、助力役者比比。经始于是岁八月朔日，以明年二月讫工。既重修其旧，复增建两庑、棂星门、贯道桥，划除荒秽，周以墙垣，树以松竹，殿堂祠宇，焕然一新。"① 记中对于白鹿洞书院的重修情况予以详细记述，可知此次重修用时 7 个月，共修葺大成殿、戟门、明伦堂、东西两斋、文会堂、三贤祠等建筑，并且新建了两庑、延宾馆、五经堂、希贤堂、贯道桥等，又建设号房 20 余间，作为书院学子住宿的地方。同时栽种花木，铲除荒草，对书院周边环境予以提升。

其次是购置学田。李龄《宫詹遗稿》卷三《白鹿洞新置赡学田记》记载："成化三年，宪金潮阳李公龄大兴洞学，节次置买田地山塘共一百余亩，以给本洞。"何乔新《重建白鹿书院记》："成化初，江西按察金事潮阳李公龄买田百余亩，又得废寺田八十余亩，以养学者。"这是白鹿洞书院在明代首次获得学田，为书院教学活动的开展提供了经费保障。

再次是聘请师长。李龄曾聘请周孟中担任白鹿洞书院洞主。周孟中

---

① 吴国富. 新纂白鹿洞书院志［M］. 南昌：江西人民出版社，2015，第 35 页。

（1437—1502），字时可，号畏斋，江西庐陵人。成化元年（1465）举人，学识渊博，操行高迈。应李龄的聘请，周孟中讲学于白鹿洞书院，前来参学者将近百人，听受问难，娓娓不穷。一时间士子慨然向学，自相砥砺，文风由是而丕振，正学由是而益崇。周孟中后来于成化五年（1469）考中进士，历任福建按察佥事、广东布政使、右副都御史等职。《白鹿洞书院志》收录周孟中诗歌两首，一是《怀白鹿洞》："乾坤白鹿千年洞，道义紫阳百世师。绝学无人传正脉，满山何事产灵芝。"二是《游白鹿洞》："五老峰前白鹿场，昔贤曾此讲虞唐。百年道谊丘山重，千古林峦草树香。轻世方知物外乐，采荣偏觉静中忙。自从一去希贤室，云壑风雩梦不忘。"这两首诗应该都是周孟中后来重游白鹿洞书院时所作。周孟中离开书院之后，李龄又聘请大儒胡居仁担任白鹿洞书院洞主，使得白鹿洞书院的发展更上一层楼。

最后也是最为重要的就是制定洞规。李龄《白鹿洞规》：

一、诸生入洞，悉遵文公教条，及程董学则，真西山教子斋规，不可有违。

二、朔望行香及早晚堂上之仪，俱依府县儒学礼式。

三、读书必循序渐进，不可躐等。先读《小学》，次读《四书》《五经》及御制书史鉴，各随资质高下。上者五百余字，中者三四百字，一二百字，十日一温书，终通温，各置起止簿一扇，逐日填写，以凭考较，下年不许将诵过经书重复填写。

四、每日赴本斋先生处，讲本经四书各一章，并史书一二段，务慎思明辨，字求其训，句索其旨，章求其义，如未明，遍考或问大全之书以证之，不可苟且放过。苟有不可通者，阙之以俟再问。

五、诸生每夜读书，率以三更为节，过此不惟劳神致疾，亦恐有进锐退速之弊。

六、每业习举业者，除三六九日作文字，或学答策一篇，月终通九篇，就于作文日，随作诏诰表一道，未习经书者，止作四书文字九篇。夫能行文者，作破承九个，稿成，赴本斋先生处改过，按季收贮，听候考较，毋得誊写旧文，虚应故事。

七、本洞置立劝善惩恶簿一扇，诸生逐日所为善恶，从实填写于上，以凭劝惩。

八、诸生有过，先生喻之于上，朋友劝之于下，务令迁改。果冥顽不悛，斥之，毋令阻坏学规。本洞置立假簿一扇，诸生果有事故应给假者，明立期限，听令回家，限满赴洞，不许有违。

九、凡上司按临，先生迎于枕流桥内，诸生迎于枕流桥下，路旁拱立。礼生引至延宾馆，唱礼。先生先拜，诸生次拜而退。晚作揖亦然，送至迎处。若贵客，先生迎于贯道桥南，诸生迎于枕流桥内，行礼如初。

十、诸生不许拆毁门扇、窗棂、板壁，擅自更改及损坏床、桌、椅、凳。亦不许纵令家人侵取本洞栽植，强斫附近人家竹木。违者惩之不恕。

十一、各生冬月买木炭，切忌新出窑者，恐火气未息。今后卖炭，宜置四边空虚处所，毋令大近床壁及与茅柴杂处，慎之慎之。

十二、各处庄田，遇秋成之日，主洞先生务令各佃送至本洞，亲手交收，每岁量其所入，除祭祀修整外，诸生中果有贫者，逐月量行支给。

十三、门子看守本洞诸件供给、香灯、洒扫并夜晚提铃以谨火烛，不许诸人擅自役使借办。①

李龄的《白鹿洞规》实际是学生行为守则，是对朱子教条、程董学则、真西山教子斋规等学规的辅助条文，涉及教育宗旨、祭祀原则、学习方法、课程考核、德行考核、考勤管理、接待要求、住宿要求、书院经费使用、书

① 吴国富.新纂白鹿洞书院志［M］.南昌：江西人民出版社，2015，第 255—256 页。

院职事人员管理等方方面面的内容，主要是以公文形式规范书院的日常教学与管理工作，使其有据可依。

李龄此次修复白鹿洞书院并不是个人行为，而是借重江西按察使司提学佥事的职务开展书院重建工作，并把书院建设纳入到提学佥事的工作职责中。因此，我们看到，自李龄之后，江西历任提学佥事都对白鹿洞书院的建设和发展做出过各种贡献，而白鹿洞书院的修缮维护、学田管理、聘请主讲、招收学生、年度考核等事务也必须报请江西提学佥事主持实施。这一切都要归功于李龄，是他开创的制度为白鹿洞书院的正常发展提供了最大程度上的保障。

李龄主持修复白鹿洞书院，制定学规，购置学田，延请名师教学，使白鹿洞书院迎来了在明朝的第一个兴旺时期，也开启了明代书院大兴的先声。

成化五年（1469），李龄致仕还乡。是年，李龄不幸逝世。胡居仁作《祭潮阳李先生》："呜呼公乎！气禀纯厚，德性温然，慈祥孝弟，得之于天，提教是邦，必以德行为先。昔孔子谓善人不得而见，吾今于公见焉。于是洞之复兴，赖公心之拳拳。既新乎学之舍，又置乎学之田。不惟惠及乎后学，实使道继乎先贤。居仁不肖，夙被深恩，既无以报公之德，敢不诵公之贤。敬陈薄奠，公其鉴焉！"[1] 胡居仁在祭文中颂扬李龄兴复白鹿洞书院的功绩，情真意切，感人至深。为了纪念李龄，白鹿洞书院将其崇祀于先贤祠中，受后世景仰。

---

[1]　胡居仁.胡居仁文集［M］.冯会明点校.南昌：江西人民出版社，2013，第192页。

胡居仁

明代最知名的白鹿洞主

胡居仁（1434—1484），字叔心，号敬斋，江西余干人。师事大儒吴与弼，为学醇正笃实，与陈献章、娄谅、谢复、郑侃等人交游，名闻当时。先后创办南谷、碧峰等书院，从教20余年，以布衣终身。万历中，追谥文敬，从祀孔庙。著有《胡文敬公集》《居业录》等。胡居仁的学说以治心养性为本，以经世宰物为用，以主忠信为先，以求放心为要，史称薛瑄之后，惟胡居仁一人而已。

胡居仁《居业录》书影

胡居仁曾经两次入主白鹿洞书院。

成化三年（1467），江西提学佥事李龄、南康知府何濬聘请胡居仁担任白鹿洞书院洞主。对此，胡居仁十分高兴，欣然接受。他在《复南康何濬太守》信中说李龄与何濬兴复书院，"招至四方贤俊，共明圣道，为国家崇建人文之本，育才论秀之实，将使士气大振，贤才聿兴，所谓恺悌君子，遐不作人者，复见于今日矣"①，自己将不辞鄙陋，毅然接受聘请。《复汪谦》信中也说："今宪府潮阳李先生有见于此，即文公旧日讲道之所，重复作兴，此正斯文复盛之秋，豪杰奋励之日。"② 在胡居仁看来，李龄与何濬兴复白鹿洞书院是倡导正学、扬明圣道的好机会，不容错过。可惜的是，一年之后胡居仁就因丁忧而不得不离开白鹿洞书院。

成化十六年（1480），胡居仁再次入主白鹿洞书院。经过 10 余年的治学积累和讲学经历，胡居仁兴复白鹿洞书院的方针更加成熟，措施更加具体，同时责任感也更加紧迫。

来到白鹿洞书院之后，胡居仁把全副身心都放在兴办书院的事务当中，不仅要讲学传道，教导学子，而且对于书院藏书、学田、建筑、祭祀等各个方面都要事必躬亲。

为了充实书院藏书，他在《寄周时可》中说："洞中少书籍，望广求入洞，以嘉惠后学，幸甚。昔朱子虽升去浙东提点，犹拳拳于此，遗钱命后人兴理，先生之心亦然，故以为请。"③ 周时可就是曾任白鹿洞书院洞主的周孟中，现任福建提学佥事。胡居仁为了向周孟中征集图书，甚至搬出朱熹的事例。此外，胡居仁还向地方官员征集图书，他在《奉祈参政钟宪副庄佥宪》中说："洞中全无书籍，更望印求入洞，以赐肄习。"④

根据李龄《白鹿洞规》规定，"各处庄田，遇秋成之日，主洞先生务令各佃送至本洞，亲手交收，每岁量其所入，除祭祀修整外，诸生中果有贫者，逐月量行支给。"可见收取田租、发放月廪也是洞主的责任。胡居仁认为书院学子平均发放月廪似有不妥，建议按考核等次逐级发放。他在《与南康

---

①　胡居仁．胡居仁文集［M］．冯会明点校．南昌：江西人民出版社，2013，第 155 页。
②　胡居仁．胡居仁文集［M］．冯会明点校．南昌：江西人民出版社，2013，第 154 页。
③　胡居仁．胡居仁文集［M］．冯会明点校．南昌：江西人民出版社，2013，第 146—147 页。
④　胡居仁．胡居仁文集［M］．冯会明点校．南昌：江西人民出版社，2013，第 171 页。

府论租》中说：“盖学租本以养贤、赒不足，此二者，义也。事合义则久而益安，不合义则久而必弊。昨蒙欲一概施给，泽虽似普，然在洞者贤愚不齐，贫富不等，若愚者、富者亦与之，则滥矣，亦恐将来不足于用也。望容居仁审其贤愚高下，有无贫富而品节之，开其多寡之数，以凭支给，方为允当。”①

白鹿洞书院在棂星门西边建有贯道门，作为师生出入的通道；在棂星门东边建有由礼门，作为迎送宾客的通道。胡居仁撰写《贯道门由礼门记》，阐释书院建筑的教育意义：“予谓贯道者，取吾道一以贯之之义；由礼者，即孟子所谓‘礼，门也，惟君子能出入是门’之义。入是书院者，知贯道之义，则必操存省察，穷理力行，以求贯道乎体用之全，有以脱乎辞章俗学之陋矣。知由礼之义，则动容周旋，揖让进退，皆有品节仪则，无惰慢邪僻之行矣。如是而先王之教不复，圣人之道不明，未之有也，自省则在乎人焉。”②

胡居仁还注重祭祀的教育功能，率领书院师生祭祀白鹿洞的开辟者李渤，撰写《祭李宾客白鹿先生》：“先生肇基是洞，水秀山奇。经书是博，白鹿是娱。花卉台榭，宛然当时。流泽既远，儒教益施。既废复兴，今昔何异。崇德报功，先主是祀。先生之神，尚其降止。”③

此外，胡居仁还计划编订《白鹿洞书院志》，为白鹿洞书院长期发展提供文献支撑。他在《与周时可》信中说：“希贤堂不知谁做，闻是先生命名，不知是否？今已无存。文会堂亦无存。今欲修洞志，追述其事，望回示本末为幸。”④

在白鹿洞书院，胡居仁最重要的事情自然是讲学，他在《白鹿洞讲义》中说：

> 古之学者，必以修身为本；修身之道，必以穷理为先。理明身

---

① 胡居仁.胡居仁文集［M］.冯会明点校.南昌：江西人民出版社，2013，第 172 页。
② 胡居仁.胡居仁文集［M］.冯会明点校.南昌：江西人民出版社，2013，第 186 页。
③ 胡居仁.胡居仁文集［M］.冯会明点校.南昌：江西人民出版社，2013，第 192 页。
④ 胡居仁.胡居仁文集［M］.冯会明点校.南昌：江西人民出版社，2013，第 146 页。

修，则推之天下、国家，无不顺治。今诸君在洞者，务必用功于此，虚心一意，绝其杂虑，而于圣贤之书熟读、精思、明辨，反之于身，而力行之，及于日用之间，凡一事一物必精察其理，一动一静必实践其迹，则所学在我。而于酬应之际，以天下之理处天下之事，必沛然矣。又何古人之不可学哉！且诸君以为今人之性，与古人之性，同乎异乎？今人之心与古人之心，同乎异乎？苟异矣，不敢强诸君。若吾之心、吾之性不异于古人，又何古人之不可学哉！诸君其勉之，务使今日白鹿洞即昔日之白鹿洞，今日之学即文公昔日之学，今日之道即文公昔日之道，不惟能尽乎吾身所赋之理，而于国家崇建人文之盛典、诸名公作兴之盛意，庶不负焉。诸君勉之哉！①

在讲义中，胡居仁希望各位学子能以古代圣贤为榜样，"虚心一意，绝其杂虑"，全身心研读儒家经典，做到熟读、精思、明辨，并在日常生活中身体力行。对于一事一物都不要轻易放过，而要探求其潜藏的道理。通过明理修身，最终实现治国平天下。从讲义中可以看出，胡居仁在白鹿洞书院的教育活动中贯彻执行了朱熹《白鹿洞书院学规》的理念。

为了使书院学子更好地理解朱熹《白鹿洞书院学规》，在日常读书实践的过程中有迹可循，有法可依，胡居仁结合自身实践所得，制定了《续白鹿洞学规》：

一、正趋向以立其志。胡居仁强调读书先要立志，立志学习圣贤之学，立志成为圣贤。学校的设立不是为了学习写出华丽的文章，从而获取功名或媚世取荣，谋取利禄，而是读书修身，成圣成贤。圣贤并不是高不可攀的，圣贤之道就存在于平常日用之间，只要存养省察，使本心常明，物欲不行，必然天性自全，达到圣人的境界。

二、主诚敬以存其心。胡居仁认为修身为学的关键是"存心"，"存心"

---

① 胡居仁.胡居仁文集［M］.冯会明点校.南昌：江西人民出版社，2013，第214页。

的主要途径就是"诚"与"敬"。在胡居仁看来，每个人的心本来都具备万理，只是由于物欲的蒙蔽和旧习观的缠绕，才让人们失去本心。因此需要用诚敬来修身，恢复本心。"敬"是胡居仁学术思想中最重要的内容，也是其为学修身的入门功夫。他曾说："静坐端严，敬也；随事检点致谨，亦敬也。敬兼内外，容貌庄止，敬也；心地湛然纯一，敬也。"在日常生活中，"敬"要做到"足容重，手容恭，目容端，口容止，声容静，头容直，气容肃"。只有恭谨心诚，才能复见心性。

三、博穷事理以尽致知之方。胡居仁非常赞同程颐"涵养需用敬，进学则在致知"的名言，强调致知的方法是博穷事理。博穷事理并非只是在圣贤的语言文字上下功夫，更要在日常生活中去探寻，"穷其何为是，何为非，事事求其至善，物物寻其当然"，才能真正致知。如此长期训练，必然知益明，理益精。正如他在《白鹿洞讲义》中说的："虚心一意，绝其杂虑，而于圣之书熟读、精思、明辨，反之于身，而力行之，及于日用之间，凡一事一物必精察其理，一动一静必实践其迹，则所学在我。而于酬应之际，以天下之理处天下之事，必沛然矣。"

四、审察几微以为应事之要。胡居仁认为处事接物的基本原则是参透并遵循事物的天理。在处事接物之初，本心未萌的时候，要反思自己的所作所为是天理还是人欲，是善还是恶，然后去恶存善，才能在处事接物中遵循天理。胡居仁特别强调君子要慎独，要在事物欲动未动的微妙时刻，体认天理人欲之间细微的分别，体认善恶之间细微的分别，从而灭人欲而存天理。

五、克治力行以尽成己之道。胡居仁强调个人修身的要领在于要克己力行，即克服自身的私欲，不为物欲所蒙蔽，从而体认天理，然后践履力行，转化为行动。学了就要去做，不然学习之后也没有什么用处。胡居仁自己就是躬行实践的典范，他虽然穿着补丁衣服，吃着粗劣的饭菜，却怡然自得，笃志力行，不因贫困而改变志向，不因窘迫而放弃学习。

六、推己及物以广成物之功。胡居仁强调为学者要有宽广的心胸，要以大公无私的态度推己及人，在考虑自己利益的时候要考虑到别人的利益，做到"己所不欲，勿施于人"，也要做到"己欲立而立人，己欲达而达人"。为学者要"居庙堂之高，则忧其民；处江湖之远，则忧其君"。还要有"为天地立心，为生民立命，为往圣继绝学，为万世开太平"的气概和追求。

胡居仁《续白鹿洞学规》共计六条，每条都广引古人的论述，并附有胡居仁详尽的阐释，洋洋洒洒，有五千多字。胡居仁对于书院教育的阐释，从"立志"入手，以"治心"为根本。在"正趋向以立其志"中，胡居仁直接点明学习的目的就是明德修身，而现实中大多数人学习目的则是为名为利，因此，胡居仁希望书院学子立志于圣贤之学。而学习圣贤之学最重要的是保持"诚敬"的态度，胡居仁认为，道本存于人心，但因物欲所蔽，故而隐晦不明。其修养之方，就是要防微杜渐，从小事做起，省察一丝一毫的过失。在修养的过程中，要诚而敬，尽心尽力，不放纵自己。在具体的方法上，则是"博穷事理以尽致知之方"；"审察几微以为应事之要"；"克治力行以尽成己之道"；"推己及物以广成物之功"。

为了更好地推行自己的教育理念，胡居仁反复强调要选拔优秀人才来白鹿洞书院学习深造。在胡居仁心目中，优秀人才应当是不讲利禄、潜心穷理的。他在《奉祈参政钟宪副庄佥宪》中也说："伏望广行推访有才气英明、志向高远及纯笃温厚者，访得其人，命有司以礼敦送入洞，则士气必振，海内风动，豪杰英伟之才，必不远千里而至，作兴之道，无过于此者。若夫凡下之才，汲汲于奔竞者，不必招致也。"[1]胡居仁认为科举考试是各地官学所要承担的教育责任，而白鹿洞书院则是研习圣贤之学的地方，不应变成纯粹应付科举考试的场所，因此应当选拔那些才气英明之人、志向高远之人、纯笃温厚之人来书院学习，师生之间教学相长，共同研讨儒家学说的精义，将白鹿洞书院打造成传播儒家学说的重要阵地，吸引更多的人才前来学习。

---

① 　胡居仁.胡居仁文集［M］.冯会明点校.南昌：江西人民出版社，2013，第170页。

然而，胡居仁的观点过于理想化，在以科举为中心的社会中难以实施，最终胡居仁因为理想与现实间的巨大差距，不得不称病辞职。他在《答陈大中》中说："白鹿洞事，在上者不知择人，多是奔竞势利之徒，教不可施，内中又任小人行事，故辞疾而归。世道穷极如此，奈何。"[①] 据此可知，导致胡居仁愤然离洞的原因是上司没有按照他的意思，严格挑选学子，致使自己的教育举措难以推行。

胡居仁虽然被迫离开书院，但是他的名字永远闪耀在白鹿洞书院的历史上，被后世所景仰。

---

① 胡居仁. 胡居仁文集［M］. 冯会明点校. 南昌：江西人民出版社，2013，第 175 页。

苏葵
书院学子数量历史最高

苏葵（1450—1509），字伯诚，别号虚庵，广东顺德人。成化二十三年（1487）进士，授翰林院编修。任江西提学佥事时，每逢朔望之日，登坛讲学，与诸生研求正学。因性格刚毅，不与权贵苟合，遭江西镇守太监董让诬陷，下狱受刑，被数百位诸生营救而出，从此声名大振。后改任四川，竟因为官清廉，无所积蓄，连路费都没有。最后在其兄长的资助之下，方才西行赴任。官至福建右布政使，卒于任上，终年60岁。著有《吹剑集》。

弘治八年（1495），苏葵出任江西提学佥事，主管江西全省教育事务。当他来到白鹿洞书院的时候，看到房屋年久失修，破败之处比比皆是，决定重修白鹿洞书院。苏葵将重修白鹿洞书院的计划报告给江西巡抚王宗锡、江西按察使陆衍、江西按察佥事沈清、沈锐，得到诸位同僚的大力支持。时为上高王的朱宸濠听到消息之后，捐赠白银100两，作为维修经费。在众人的齐心协力之下，重修白鹿洞书院的经费终于得到落实。何乔新《重建白鹿洞书院记》记载："弘治八年，岭南苏君葵，由内翰迁按察司佥事以董

娄性《白鹿洞学田记》

学政，尝过书院，悯其圮废，思更新之，告于巡按王君元善，又谋于按察使陆君衍、佥事沈君清、沈君锐，协图起其废。宗室上高贤王闻之，助以白金百两。诸公又钩校羡财，节缩冗费，以供工匠之食，材瓦之需。乃属刘守定昌撤其敝腐，酌为规制。"①

---

① 吴国富.新纂白鹿洞书院志［M］.南昌：江西人民出版社，2015，第38页。

白鹿洞书院的重修始于弘治十年（1497）八月，至弘治十一年（1498）十月完工，共用时一年又两个月。这次重修工程主要包括维修礼圣殿、明伦堂、文会堂、延宾馆等，新建斋舍，改建三贤祠。张元祯《重修白鹿洞书院记》对此有较详细的记录："院制，中为文庙，为重门。左为明伦堂，为文会堂，堂前为延宾之馆。规皆仍旧，而栋宇坚壮数倍。西隅列诸生书舍凡二十楹间，则多新增者。明伦堂左故有三贤祠，以祀李宾客，周、朱二夫子，而袚以陶、刘诸贤，位各以世列。侍御深谓非宜，特创祠尊二夫子，而陶、刘诸贤则别祠于其西焉。"①

书院重修工程完毕之后，苏葵等人以少牢之礼举行祭祀活动。苏葵赋《喜书院新成》诗云：

> 撤旧营新数十楹，日华星彩映丹青。
>
> 轩窗爽闿意偏豁，尘土隔离心自清。
>
> 檐外有山皆矹矹，门前无水不泠泠。
>
> 病夫岂谩夸虚器，吾道贞思托后生。

除了重修建筑之外，苏葵还与江西巡抚陈铨等人为白鹿洞书院购置了大量学田，共计 1500 余亩。娄性《白鹿洞学田记》："苏君又谋诸侍御陈君秉衡，以养士不可无田，无田是无院也。适郡之开先寺僧为徭役所并，称贷不足，乃出田肆顷六十余亩求售焉，陈君计直偿之。继而泗洲寺亦以开先寺之故出田求售，数缩十之一。陈君知为沃壤，偿之倍其直。经营贸易，则潘贰守重玉、林节推伯材之勤焉。共几十顷悉归之于院，以为养士久远之需。"② 学田是书院获得长期稳定经费的来源。没有学田，书院就无法有效地运行和发展下去。苏葵深知"养士不可无田，无田是无院也"的道理，因此会同江西巡抚陈铨为白鹿洞书院购置大量田产。同时，苏葵也深知学

---

① 吴国富.新纂白鹿洞书院志［M］.南昌：江西人民出版社，2015，第 37 页。
② 吴国富.新纂白鹿洞书院志［M］.南昌：江西人民出版社，2015，第 410 页。

田最容易遭受侵占，因此他请洞主娄性撰《白鹿洞学田记》，记述购置学田的经过，并将学田契书及田亩数、租谷数等具体信息刊刻在碑阴，并且制作四通同样的石碑，分别树立在白鹿洞书院、南康府署、江西按察使行台、江西典学分司，作为保护书院学田的法律依据。娄性撰写的《白鹿洞学田记》如今依然保存在白鹿洞书院中，被列入国家文物局《第一批古代名碑名刻文物名录》。

苏葵在修复白鹿洞之后，聘请退休在家的兵部郎中娄性担任白鹿洞书院洞主。娄性（1440—1510），字原善，号野亭，江西上饶人。娄性出生于著名的理学世家，其父娄谅（1422—1491），字克贞，号一斋，是明代大儒吴与弼的高足，也是阳明心学创立者王守仁的启蒙老师，因此黄宗羲在《明儒学案》中说：“姚江之学，先生（娄谅）为发端也。”其兄娄忱，字诚善，号冰溪，潜心授学，从游者甚众。一门三杰，均为当时著名的学者。娄性于成化十七年（1481）考中进士，出任南京兵部郎中。其间完成《皇明政要》一书，仿照《贞观政要》的格式收罗明太祖至明英宗100多年的国家大事，是研究明初政治的珍贵文献。弘治七年（1494），娄性主持修建高邮湖堤，被明孝宗赐名“康济渠”。后因得罪南京守备太监蒋琼，被诬下狱三年，出狱后乞休归。弘治十年（1497），娄性应江西提学佥事苏葵邀请，担任白鹿洞书院洞主。

娄性在白鹿洞书院留下三方摩崖石刻。其一为：“典学宪佥苏君葵弘治丁巳十二月朔偕性诣院开讲，大参闾君铤、宪副李君澄胥会。明年夏五甲子，娄性识。”此石刻是娄性于弘治十一年（1498）五月所刻纪事题识。根据这方石刻得知，娄性是弘治十年（1497）十二月初一正式履任白鹿洞书院洞主的。

其二为：“钦差镇守江西御用监太守董公让捐己白金十斤，助书院买田养士之费。时大明弘治己未五月朔旦，主院教事娄性识。”此石刻记载江西镇守太监董让为白鹿洞书院捐资购买学田的事情。何乔新《重建白鹿洞书院记》也记载："先是镇守太监董公让，雅重斯文，尝谓先贤遗迹，非图经久之计不可，至是亦捐以白金十斤，以益市田之值。"

其三："侍御王君宗锡建殿庑堂斋千余楹，侍御陈君铨买田仅千亩以膳学徒，宪长陆君衍、宪金沈君锐、沈君清、太守刘君定昌乐成厥事。十三郡来学者五百二十七人。弘治戊午夏五甲子，主教事娄性识。督工训导江能、云龙。"此石刻记载王宗锡、陈铨等官员重修白鹿洞书院、购置学田等功绩，并记录当时书院学子共计 527 人。这也是白鹿洞书院历史上学子数量最高的确切记载。

附带介绍一下：娄性的长女嫁给宁王朱宸濠为妃，而朱宸濠则在正德十四年（1519）发动了叛乱，不过很快就被平定。虽然宁王妃曾反复劝阻宁王叛乱，并因此自尽，娄家依然遭受灭顶之灾。当时娄谅、娄性已经去世，他们的著作几乎被焚毁殆尽；娄忱则在 70 岁高龄遭到逮捕，死于狱中。曾经名动一时的理学世家就此灰飞烟灭，令人不胜唏嘘。

言归正传。弘治十年（1497）以来，白鹿洞书院通过重修房舍、增加学田、聘请洞主等举措，焕然一新，欣欣向荣，前来就学的学子达到历史上的最高数量。这一切，都不离开苏葵的支持和规划。

6 年之后，弘治十六年（1503）八月十三日，早已来到四川的苏葵竟然在梦中故地重游，其《梦游白鹿洞书院》写道："何处佳山入梦时，小桥三峡水迟迟。重经祠下诸贤讶，忽到峰前五老知。无复旧人空旧榻，几多新树漫新枝。萍蓬踪迹浑堪慨，徙倚巴山有所思。"在苏葵的内心深处，依然时时牵挂着白鹿洞书院。

苏葵也没有被白鹿洞书院遗忘。正德六年（1511），江西提学金事李梦阳将苏葵崇祀于白鹿洞书院先贤祠中，表彰其"抗折权贵，威武不屈"的德行和"兹洞之兴，公实有力"的功绩，供后世景仰。

奠定书院祭祀格局

邵宝（1460—1527），字国贤，号泉斋，别号二泉居士，江苏无锡人。成化二十年（1484）进士，历任许州知州、户部员外郎、户部郎中、江西提学副使、浙江按察使、浙江右布政使、湖广布政使等。正德四年（1509）任都察院右副都御史，总督漕运。因忤宦官刘瑾，被免职还乡。正德五年（1510）复出，任贵州巡抚，赴任途中改任户部右侍郎。旋升户部左侍郎兼都察院左都御史。正德七年（1512）因母亲年老无人侍养，乞休归里。后拜南礼部尚书，恳辞不就。嘉靖初年（1522）起复前职，仍辞去。卒后赠太子太保，谥号"文庄"。著有《容春堂集》。

邵宝为官清廉，立身刚直，不喜逢迎，不阿权贵。任职江西时，宁王朱宸濠权势正盛，向邵宝索取诗文，遭到严词拒绝。后来宁王谋反事败，朝廷审查地方官员与朱宸濠的往来痕迹，没有邵宝的只言片语。宦官刘瑾擅政时，邵宝洁身自好，绝不与之通，最终惹恼刘瑾而遭罢职。在学术上，邵宝恪守程朱理学，提倡致知力行，著有《简端录》十二卷。清代张夏编撰《洛闽源流录》，以恪守程朱理学为

邵宝书法

标准，把明代儒学人物分为三等，"最上为正宗，传中称先生，得十六人；其次为羽翼，得四十七人，皆顶格书之；又其次为儒林，亦称字，几及三百人，下一格书之。"邵宝与方孝孺、胡居仁、蔡清、罗钦顺、顾宪成等被列入"正宗"的学人当中。

弘治十三年（1500），邵宝出任江西提学副使，任职期间大力支持白鹿洞书院发展，以倡文教。

邵宝认为白鹿洞书院是"崇正求真"的地方，是弘扬正学，传承道统的所在。只有那些有志于效法古代圣贤，进德修业，进而为天下作出贡献的人才有资格到书院学习。如果单纯为了科举考试的话，为科举而设立的官学已经遍布天下，规章制度非常完善，完全没有必要到书院去。因此，他在《白鹿洞谕来学文》中强调："凡我学校诸生，暨山林儒士，有清修慎笃，欲暂辍进取，而志于前所谓学者，许各府县起送前来。……所谓暂辍进取，或五六年，或七八年，必待学成，然后出用。不惟其言，惟其事实，斯为有志之士。如或立志未定，请勿轻至。"[1] 前来白鹿洞书院读书者，必须

① 吴国富.新纂白鹿洞书院志［M］.南昌：江西人民出版社，2015，第259页。

先暂停科举之业，而且要停五到八年之久，利用书院良好的学习环境，研习圣贤之学。杨廉在《宗儒祠记》中也记载邵宝与洞中诸生说："非罢科举进取之念，无辄至此。"邵宝的招生标准为提高白鹿洞书院教育质量打下了坚实的基础，因此郑廷鹄在《白鹿洞志》中称赞邵宝"取士先德行而后文艺，士多宗之，至今号称得人"。①

除了严格招生，邵宝还在白鹿洞书院亲自讲学，教导学生修习"士相见礼"。邵宝《谕习士相见礼》认为："先王制之礼重相见，所以重士也。苟士之相见，犹人之相见，则非士矣，又何礼之有焉？"古代圣人正是看重士人的品行，才制定了士相见礼。古礼的性质是"致之以辞，达志也；重之以介，道诚也；称之以贽，将敬也。诚敬著而后志通"。古代士人之间的交往，郑重其事，以诚相待，而求志同道合。而今天的情况是"辞达志也，而或以饰；介道诚也，而或以说；贽将敬也，而或以货。率然而面，一言即合，未几背之，不以为愧"。②今人的交往或甜言蜜语，或以利相诱，一见面就能称兄道弟，转身就是阴谋算计。因此，有必要在士人当中修习"士相见礼"，通过外在行为规范维护内心道德标准，所谓"制外养内"是也。

白鹿洞书院原有三贤祠，祭祀李渤、周敦颐、朱熹三位古人，沿袭已久。邵宝则认为将李渤与周敦颐、朱熹放在一起祭祀，有点儿不伦不类，于是将三贤祠改建为宗儒祠，祭祀周敦颐、朱熹，以黄榦等十四位朱熹弟子陪祀。邵宝请杨廉撰写《宗儒祠记》，阐释其建设宗儒祠的初衷及原则："南康府白鹿洞书院有宗儒祠焉，其所祀则濂溪周夫子、考亭朱夫子，暨勉斋黄氏以下凡若干人云。祀之之义何居？周夫子尝为守于此，朱夫子既尝为守而又兴建书院于此者也，至于勉斋以下皆尝讲学于此者也。盖非有关于书院则不泛及，匪诸儒则固不混施也。"③可见宗儒祠的基本原则是"非有关于书院则不泛及，

---

① 李梦阳.白鹿洞书院古志五种［M］.北京：中华书局，1995，第179页。
② 吴国富.新纂白鹿洞书院志［M］.南昌：江西人民出版社，2015，第303页。
③ 吴国富.新纂白鹿洞书院志［M］.南昌：江西人民出版社，2015，第109页。

匪诸儒则固不混施"，入祀其中的古人必须具备"诸儒"和"关于书院"两条标准。周敦颐是理学的开山之祖，同时担任过南康知军，具备入祀资格。朱熹是理学集大成者，在南康知军任上兴复白鹿洞书院，也具备入祀资格。邵宝《谒周朱二先生文》称赞道："邵宝至白鹿书院，敢昭告于道国元公濂溪周先生，徽国文公晦庵朱先生：道丧千载，孰起以承？元公其元，文公其贞。二公之学，世方师之。迹其讲寓，实久于斯。人以类聚，理以言章。肆宝忘陋，与众升堂。读公之书，尚求公心。兹山实高，兹水实深。公如有灵，眷兹旧游。惠我光明，以永公休。"[①] 黄榦、林用中、胡泳、蔡沈、李燔、陈宓、黄灏、张洽、冯椅、彭方、彭蠡、吕炎、吕焘、周耜等十四人都是朱熹的弟子，有的在白鹿洞书院跟随朱熹学习，有的在白鹿洞书院担任洞主、堂长等职，皆陪祀于宗儒祠中。邵宝《祔祠祭文》云："惟诸儒事我文公，远宗我元公，尝至斯院，抠趋堂坛，义得祔祠，今奉主就列，谨陈释菜之仪。"[②]

邵宝建设宗儒祠不仅是为了尊崇儒学、祭祀朱熹等大儒，更是为了通过祭祀加强书院学子对儒家伦常道德的认同。祭祀是书院中培育人才及进行社会教化活动的重要途径和方式。儒家认为，祭祀是教育之本。《礼记·祭统》："夫祭之为物大矣，其兴物备矣，顺以备者也，其教之本与！……是故君子之教也，必由其本，顺之至也，祭其是与！"祭礼上所表达的感情是发自人的内心深处的真实感情，而非由外物所激发的反映，将儒家道德原则贯穿于祭礼之中，可以从根本上完成对人的教化作用。因此，祭祀仪典是社会道德教育的重要方式，这种仪式所具有的特性使其道德教化功能容易被接受。正如杨廉在《宗儒祠记》中所说："群居终日，潜心乎儒，如射者之必志于中的，如行者之必期于赴家。旦望瞻仰，必如《图说》所谓'定之以中正仁义而主静'，《洞赋》所谓'明诚其两进，敬义其偕立'而日加勉焉。

---

① 吴国富. 新纂白鹿洞书院志［M］. 南昌：江西人民出版社，2015，第 356 页。
② 吴国富. 新纂白鹿洞书院志［M］. 南昌：江西人民出版社，2015，第 356 页。

此外复以直卿诸儒之著述，冥搜而博考焉，于以反复而精思之，于以勇往而力行之，其不至于儒，吾不信也。"[1] 书院学子在祭祀文化的熏染下，自然容易形成强烈的认同感，并以之作为自己的目标和志向，砥砺前行。

邵宝又创建先贤祠，祭祀白鹿洞的开创者李渤。邵宝《改白鹿先生祠额文》云："维兹洞之创，实维李公，洞有公祠，报本反始，合于礼经。顾泛而弗专，义则未当。"[2] 以专祠祭祀李渤，不仅表明了他对李渤的崇敬之情，也将李渤与儒学人物区别开，各得其所。邵宝构建的宗儒祠、先贤祠并列的书院祭祀格局功能清晰，布置合理，为后世所沿用。此后，宗儒祠祭祀与书院学术传统相关的历代儒学大师。先贤祠祭祀为白鹿洞书院发展做出贡献突出的历代官员、洞主等人物。

此外，邵宝在勘书台建造独对亭，用来纪念朱熹。为什么命名独对亭呢？邵宝认为只有朱熹的学术道德能够与庐山五老峰相对并立，故名独对。邵宝还撰有《独对亭记》："公（指朱熹），仁者也，纯博中正，德与山协，为镇为岳。五老之对，固其所哉。君子观其进退语默，从容暇豫，既得公之静矣，则其化远功深，表仪流泽，与孔子无穷。其为寿对诸五老，又有能信之者。况公前后，代有寓贤，何莫不具一节，至要其大，孰与公比？非公独对，谁其偕之？"[3] 表达对朱熹的崇敬之情。

邵宝还在白鹿洞书院主持刻书事业。据《白鹿洞书院志》载录，《易经》板59片，《书经》板53片，《诗经》板93片，《春秋》板68片，《礼记》板199片，以上俱提学副使邵宝刻。刻书是书院获取图书的一种重要方式，主要是为了弥补赠书、购书之不足。《易经》《书经》《诗经》《春秋》《礼记》等儒家经典的需求量很大，与其购买大量副本，不如刻书刷印，不仅成本节约，而且可以随用随印，方便高效。

---

① 吴国富.新纂白鹿洞书院志［M］.南昌：江西人民出版社，2015，第109页。
② 吴国富.新纂白鹿洞书院志［M］.南昌：江西人民出版社，2015，第356页。
③ 吴国富.新纂白鹿洞书院志［M］.南昌：江西人民出版社，2015，第133页。

邵宝是文坛领袖李东阳的得意门生，是茶陵派重要诗人，四库馆臣称其诗"清和澹泊，尤能抒写性灵"。邵宝在白鹿洞书院创作诗歌多首，如《题漱石》：

> 山骨本至贞，寒泉更磨濯。
>
> 暮暮复朝朝，肯许分毫浊。
>
> 物理本相资，所患辍胜作。
>
> 对此感盘铭，请向溪边凿。

作为诗人，邵宝用文学化的方法表现自己的理学修养，借此对学生进行教导。此外《风雪台》《鹿洞》《白鹿洞三首》《望庐山用旧韵》《别白鹿》《五老峰》《庐山览秀四咏》《望白鹿不克至》《白鹿洞怀苏虚斋》等作品，均与白鹿洞有关。

今天的白鹿洞书院礼圣门廊柱上悬挂着一副楹联："诏有格言，求真才于正学。教无异术，体至理于常行。"楹联的作者正是邵宝。上联是说朱元璋下诏，规定程朱理学作为国家选拔人才的唯一标准。明太祖朱元璋大力提倡程朱理学，将它奉为法定的正统思想。《明史》评价朱元璋"能礼致耆儒，考礼定乐，昭揭经义，尊崇正学"。下联是说程朱理学的教育并无特异的方法，而是让学子在日常生活中去提高精神境界。朱熹知南康军，在属于官学系统的军学之外，大力建设白鹿洞书院，制定洞规，选择师长，并亲自课士，是要建立不同于官学的一整套书院教育体制。书院教育的宗旨不是为了科举考试，而是以理学思想为指导，培养品德高尚的人才。为了达到这个目标，朱熹大力表彰《大学》，将它作为修身的根本，让学人通过在日常生活中格物致知，体悟与天地万物浑然一体的道德境界，进而修身、齐家、治国、平天下。

邵宝还是一位书法家，明代朱谋垔《续书史会要》称赞其"善行草，深得颜鲁公笔意"，揭示了邵宝书法的渊源。据李梦阳《白鹿洞书院新志》记载，明伦堂二门"邵宝颜体大书'正学之门'"四个大字；藏书楼中也有邵宝颜体大书"经部""史部""子部""集部"等题签。可惜的是，邵宝的这些墨迹早已消逝在历史长河中，无缘得见。不过，庐山青玉峡还有一方邵宝题写的摩崖石刻："弘治壬戌三月既望，常郡邵宝观泉于龙池，时以江西按察副使视学至南康，从者儒官五人。宝记。"这方石刻劖于弘治十五年（1502），不仅能展现邵宝颜体书法的韵味，还可以考订其生平行履。邵宝也有一些墨迹存世，如无锡博物馆藏有邵宝行书《自作诗》，长四米有余，属于国家一级文物。这件作品约作于正德十四年（1519），卷末钤"前摄白鹿洞主"印章。据此可知，邵宝对于管理白鹿洞书院是多么自豪。

李梦阳

愿以诗文赞书院

李梦阳（1473—1530），字献吉，号空同子，陕西庆阳人，后徙河南开封。弘治七年（1494）进士，授户部主事，后迁户部郎中。李梦阳个性刚烈，为人正直，抨击奸邪，不遗余力。弘治十八年（1505），弹劾孝宗皇后的弟弟寿宁侯张鹤龄，被囚于锦衣狱。出狱后，李梦阳在路上遇见张鹤龄，顿时怒火中烧，上前斥骂，并扬起马鞭，打落张鹤龄的两个门牙，张氏也不敢计较。正德元年（1506），李梦阳因弹劾宦官刘瑾，降为山西布政司经历，被勒令致仕。又遭刘瑾构陷，赖好友康海冒险营救，才幸免于难。正德五年（1510），刘瑾伏诛，李梦阳官复原职，嗣后任江西提学副使。李梦阳工诗赋，善文章，主张古诗学魏晋，近体学盛唐，与何景明、徐祯卿等掀起文学复古运动，天下翕然宗之，为明代文学流派"前七子"之领袖。

刚介耿直的李梦阳，到江西之后又接连与当地权贵发生激烈冲突。李梦阳与江西总督陈金意见不合，处处对抗，陈金深恶之。李梦阳又指示诸生不要拜谒巡按御史江万实，江万实为此深恨李梦阳。淮王朱佑棨的校官与诸生发生争执，李梦阳鞭笞校官，惹得淮王大怒，上奏朝廷；参政吴廷举也与李梦阳有过节，上疏弹劾。李梦阳在《与何子书》中说："仆此一言一动，悉为仇者所搜罗。江御史搜罗者二，吴廷举者二，淮人者三。"总督陈金命布政使郑岳勘查此事，李梦阳又以郑岳之子受贿的事情相胁迫。此时，宁王朱宸濠又插手其间，想利用李梦阳来打击郑岳。事情越来越复杂，于是朝廷派大理寺卿燕忠等人来江西勘问。最终，李梦阳以"居官无状"被罢官，返回家中。正德十四年（1519），宁王朱宸濠起兵反叛。兵败后，朝廷追查朝廷官员与朱宸濠往来关系，李梦阳因曾为朱宸濠撰写《阳春书院记》而被削籍。

李梦阳在江西官场深陷于人事纠纷，但他对白鹿洞书院却情有独钟。在白鹿洞书院，李梦阳清理学田，修建钓台亭，开凿水井，重修洞志，并为书院创作大量诗文作品，在白鹿洞书院留下了深深的烙印。

学田是书院建立、运行和发展的基础，对于书院兴废具有决定性的影响。李梦阳经过实地勘查，恢复被侵占的书院四周山地，重新梳理书院学田情况，并且编纂《白鹿洞书院新志》，设"田租"一门，将书院学田的详细情况记录其中，成为继勒石刊碑之后，又一项保护书院学田的措施，为后世书院志的编纂所效法。《白鹿洞书院新志》卷二记载："今田地，前志欠明，李子复为新志，悉其土名，识其租数，系以佃者名姓。"经过李梦阳的清理，"书院学田共一千七百三十二亩二分九厘，岁入谷共一千七百九十二石四合。地三十四亩九分，有佃无租。塘一百三十一亩九分。"[①]李梦阳清理学田并载入书院志中，提高了白鹿洞书院学田管理的规范化，为书院教学活动的开展奠定了坚实的基础。

白鹿洞书院贯道溪上游有一处磐石，高大方整，上面刻有"钓台"两个大字，据说是朱熹的手迹。正德六年（1511），李梦阳在磐石上建造凉亭，并因朱熹"钓台"题刻而命名为"钓台亭"。李梦阳还撰写《钓台亭记》，

---

① 李梦阳.白鹿洞书院古志五种［M］.北京：中华书局，1995，第 28 页。

李梦阳《白鹿洞书院宗儒祠记》拓片

以钓喻学，告诫诸生"君子以仁义为竿，以彝伦为丝，以六艺为饵，以广居正位为磐石，以道德为渊，以尧舜禹汤周孔相传之心法为鱼，日涵而月泳之，至而后取，不躐其等，不计不必，积久而通，小大必获，夫然后道可致也。是以君子身处一室，而神游天地矣夫。"[①] 在《钓台亭记》中，李梦阳阐明一个深刻的道理：拘于一己之名利，必然不可能有包容天地之情怀。为此，李梦阳反复强调学生要放下名利之心，认真思索先贤理论的博大精深，

---

① 李梦阳. 李梦阳集校笺［M］. 郝润华校笺. 北京：中华书局，2020，第 1476 页。

感悟其中蕴含的情怀与气度。

此外，李梦阳建议南康知府刘章在回流山上建造凉亭。此亭视野开阔，可以看见上下四方，辽阔无际，李梦阳遂取"上下四方，是为六合"之意，命名曰六合亭。李梦阳《六合亭记》："孟子曰：'万物皆备于我矣。'人之始，非与圣殊也，然卒不之大者，非系于见不见哉！故见之远者登必高，徒高者非能大者也。故予之大是亭也，又以俟夫能大者焉尔！"① 亭子虽小，登之可见天地；方寸虽窄，却能容纳万象。李梦阳通过这些记文对书院学子进行教育，生动而有效，比那些纯理论的阐述具有更好的教育效果。

白鹿洞书院生活用水主要取自贯道溪，然而贯道溪受制于自然气候，有时溪水偏小，汲取不便；有时溪水暴涨，泥沙俱下，水质较差。正德八年（1513），李梦阳特地在书院中开凿一口水井，成为书院生活用水的稳定水源。李梦阳还写了一篇《井铭》："故井崩塞，汲溪焉饮。春夏交，溪毛茂芊，蛇虫毒可虞也。正德八年冬至，予至南康府，使学生刘峻往书院，视地掘井，得诸亥方，厥日甲申。是日也，南风至，穿土数尺，石阻，集力除焉。始艰而终利，有泉上涌，甘洌，然虞溪侵也，布垩，其底覆石，泉旁出焉。甃砖而上，石床约口，五日而井成。予究惟《易》义，绎孟氏譬旨，乃为井铭。铭曰：厥道流行，水行地中。导之斯涌，无卑无崇。维愚靡为，于潦于浍。为不及泉，是曰中废。于井斯肇，亥位庐麓。源源澄洌，匪溢匪竭。艰始终利，孰曰匪力。静止用发，惟义之则。含阳润阴，炎寒冬热。勿鲋勿幕，九五终食。出时溥施，视受为容。吸华茹甘，挹之必充。濯烦涤污，费而弗劳。爰荐神明，以享以芼。弥远弥馨，圣泽攸陶。"② 在铭文中，李梦阳借井为喻，用艰难的挖井过程比喻身心修养的历程，用甜美的井水比喻修养所得的心性，用井水普施众人比喻修养成功后，必将大有用于世人。

---

① 李梦阳．李梦阳集校笺［M］．郝润华校笺．北京：中华书局，2020，第 1471 页。
② 李梦阳．李梦阳集校笺［M］．郝润华校笺．北京：中华书局，2020，第 1873—1874 页。

正德六年（1511），李梦阳初次到白鹿洞书院视察，鉴于书院文献多有散佚，于是编纂《白鹿洞书院志》。李梦阳在《序言》中详细介绍编纂书院志的原因及原则："李子至白鹿洞书院……考之文记，则乱焉而无统，遗焉而不备，举乎细而脱所巨，辞繁复而义弗晰，于是取而笔削之，删繁以彰义，提纲以表巨，分注以收细，拾遗以定乱，使比事有则，立言有例。是故首之以沿革，则兴亡之本著矣。次之以形胜，则地道昭矣。又次之以创建、剞刻，使兴继者可考矣。又次之以田租，则养之者具矣。又次之以姓氏、文艺，则观程之要义寓矣。又次之以典籍、器用，则日用不匮矣。"在此之前，有鲁铎编纂的《白鹿洞书院志》，弘治七年（1494）南康知府郭瑁刊刻。然而此志并未见流传，也未见各类藏书志、藏书目录的记载，仅张元祯《白鹿洞志序》记载其事。李梦阳的这部书院志是现存最早的一部白鹿洞书院专志，具有开创之功。正德八年（1513），李梦阳借地方政府清查田地造册的契机，重新清理白鹿洞书院学田，并将最新数据补充到书院志中，更名为《白鹿洞书院新志》。李梦阳《序言》："辛未之岁，予至白鹿洞书院，见其诸废坏不修也，业作志板行矣。惟田租等虽数尝勘报，而其数犹混也。会今年例造图籍，乃更勘悉，以其田租等入图籍，而改其志为新志云。"今美国国会图书馆藏有嘉靖四年补刻本李梦阳《白鹿洞书院新志》八卷，前有李梦阳自序、周广《续修洞志叙》，卷一：沿革志、形胜志、建造志、石剞志。卷二：山志、田地塘志。卷三：姓氏志。卷四：文志。以公文为主。卷五：文志。以祭告文、讲义等为主。卷六：文志。以碑记文为主。卷七：文志。以诗歌为主。卷八：书籍志、器皿志。该书有点校本，收录在《白鹿洞书院古志五种》，中华书局 1995 年出版。

李梦阳是明代著名文学家，在诗文创作方面成就突出。在白鹿洞书院，李梦阳创作了大量诗歌，歌咏书院的各处名胜。正德六年（1511），李梦阳第一次踏入白鹿洞书院，写下了《初至白鹿洞》，其中有"性同道岂隔，途异理空悲。兴言怀昔贤，日竟眺前岐"之句。他又怀着激动的心情游览书院的各个角落，写下了《白鹿遍览名迹》，有"追想白鹿迹，伊人竟何远。触端绪自萦，薜荔况在眼"的句子。大约是仕途上的遭遇险恶的原因，李梦阳与白鹿洞书院的初次相遇，诗句中竟然颇显悲凉之情。他在诗中感慨先贤一去不返，而自己所坚守的"正道"在当时又是如此的格格不入，为此生出悲怆无限。

不过，随着李梦阳流连在书院的日子越来越多，他的诗歌也越来越闲适。如《风雪石》："倚崖坐孤石，北对五老峰。中有千尺虹，挂断岩上松。"《枕流桥》："峡急岂有心，临桥石相激。蓦惊桥上听，夕阳人独立。"《钓台》："终日钓石坐，清波闲我钩。掷竿望山月，回向众鱼游。"《回流山》："登山眺四极，一坐日每夕。行看夜来径，苔上有鹿迹。"《回流山亭》："亭高山尽入，回首见鄱阳。天地开吴楚，鼓歌有宋唐。峰云低栋白，湖日倒碑黄。六月吾来此，凉风不可当。"《新井》："新穿崖下井，微霞映深静。松风时来拂，娜娜匡庐影。"《门前溪》："山溪信清浅，入海作洪波。果向地中转，应随天上河。"等等。在这些诗歌中，看不到烦躁的心情，看不出官场的纷争，诗人沉浸在先贤的遗迹和优美的风光中，感到了莫大的欣慰。性格狂傲的李梦阳，在江西官场中激浊扬清，闹得满城风雨，却在白鹿洞书院找到心灵的归宿。正德八年（1513），李梦阳即将告别宦海生涯，当他再次来到白鹿洞书院时，心情依然祥和安宁，他在《再至洞院》中写道："昔别秋色苦，今游风涧清。穿石竹犹活，雨过泉自生。礼殿古门换，钓台新路平。独来谁与见，雪日此峰晴。"这些诗歌，是李梦阳借助白鹿洞书院的环境休养心性的一种体现。他在书院中流连，在先贤的遗迹中汲取巨大的人格力量，净化现实纷扰中的复杂情感。

诗歌之外，李梦阳还创作多篇记文，如《六合亭记》《钓台亭记》等等，特别是他撰写的《宗儒祠记》，记述宗儒祠的建设过程及作用，并且阐释道："孔子没百余年，幸而孟轲氏起焉，孟轲氏没千余年，又幸而周、朱二公起焉。自周、朱二公起，于是天下始了然知有孔、孟之传，莫不趋而归之。夫然后吾之宗，若山之岱，水之海，国之大君，家之嫡，虽有不尊而主之者，不可矣。故曰周、朱者，儒之宗也。且人孰不欲为圣贤？然异境则必迁，迁斯变，变斯杂，杂则流于清虚、阴阳、法、名、墨诸家，故有虽始了然知孔、孟之传，而终或入于禅者，如游酢是也。今学于斯者，谒而见吾夫子及孟氏，又见周、朱二公，诚惕惕若有辟也。曰：'吾何舍此而从彼？'于是流者归，杂者一，变者定，迁者还，真犹趋嫡、趋君、趋海、趋岱者之为是，谁之力使然哉？故曰：周、朱者，儒之宗也。"[①] 李梦阳力倡程朱理学为儒学正统，反对属于"旁门左道"的各种学术流派，他希望通过祭祀活动来巩固程朱理学在白鹿洞书院的主导地位。这篇记文由李梦阳亲笔书写，刻石立碑，如今依然保存在白鹿洞书院中，被列入国家文物局《第一批古代名碑名刻文物名录》。此外，李梦阳还有仿照楚辞风格的《祀白鹿先生辞三章》，如《迎神》章："吹玉箫兮眺帆浦，横蔽江兮美无舸。謇踯躅兮旋望，宛窈窕兮山之左。陟山左兮降右，忽而来兮倏而去。跨白鹿兮导两螭，色含笑兮心莫知。既登兮山椒，复南涉兮石濑。日冥冥兮欲暮，风飘飘兮吹蕙带。"[②] 其语言自然清新，优美而富有韵味，节奏舒缓深沉，韵致悠长。

李梦阳以江西提学副使的身份督学白鹿洞书院，以其才情和气节感染书院学子，彼此结下深厚的友谊。有的学生与他一起游山唱和，如李梦阳《余邹二子游白鹿书院歌》："苦心数子守寂寞，我病讲堂虚鼓钟。二子此行真特奇，异时独往今可知。"当李梦阳离开白鹿洞书院的时候，书院学子依依不舍，李梦阳《白鹿洞别诸生》："出山车马走相送，落日遂上鄱阳船。生徒缱恋集涯浒，孤帆月照仍留连。情深过后亦其礼，谀薄窃愧劳诸贤。"李梦阳离开之后，来到白鹿洞书院的人对他依然念念不忘。如畲翔《阅李献吉碑》诗中就说："宫墙数仞经千嶂，俎豆诸生辩四维。要涉洞门流水曲，钓台亭

---

① 李梦阳.李梦阳集校笺［M］.郝润华校笺.北京：中华书局，2020，第1469页。
② 李梦阳.李梦阳集校笺［M］.郝润华校笺.北京：中华书局，2020，第100页。

畔有馀思。"

如今漫步在白鹿洞书院，还能时时邂逅李梦阳留下的印记，其中最醒目的当属书院西侧门楼上的石匾，上面劚刻着李梦阳颜体大书"白鹿洞书院"五个大字，右上题"明正德七年仲冬月吉旦"，左下题"李梦阳书，督洞推官巫之峦重修。"此匾是由明代李梦阳题写，清代康熙初年南康府推官巫之峦重刻。李梦阳的书法取法于颜真卿，结体错落有致，率直天真，用笔浑厚拙朴，刚劲有力，在崇尚"馆阁体"的时代中，别具高远古朴之气。

除了这块匾额，李梦阳还在白鹿洞书院留下了"鹿洞""砥柱""回流山"等摩崖石刻，至今依然完好如初。

王守仁

心学占领白鹿洞

自从朱熹兴复白鹿洞书院，这里就是传播程朱理学的重要阵地。明代翟溥福重修白鹿洞书院，李龄聘请胡居仁担任白鹿洞书院洞主，这里依然是传播程朱理学的重要阵地。明代正德年间，心学在全国各地逐渐兴起，但对白鹿洞书院没有太大影响，主导这里风气的一直是固守程朱理学的正学派人物。这种局面，到王守仁聚讲白鹿洞书院之后才有了极大的改变，从此白鹿洞书院成为传播心学的阵地。

王守仁（1472—1529），字伯安，号阳明子，世称阳明先生，故又称王阳明，浙江余姚人。王守仁是明代著名的思想家、政治家、军事家，是陆王心学之集大成者。

王守仁自幼便与众不同，他在私塾里念书的时候向老师提问："世上的事情千千万，不知哪件事才是第一等事？"老师被问得猝不及防，稍一思索，便笑着回答："世上第一等事自然是好好读书，将来科举高中。"不料他却摇了摇头，缓缓说道："科举未必是第一等事。"老师反问说："既然科举不是第一等事，那么何事是第一等事？"他则诚恳地回

王守仁画像

答说："学为圣贤。"

　　虽然科举不是第一等事，却也是人生中的大事，王守仁也不得不认真对待。在经过几年外出游历和博览群书的岁月之后，他一改常态，全力备考，终于在弘治五年（1492）乡试中举。之后，王守仁北上京师，准备参加第二年的会试。王守仁心想，既然会试的考试内容也是经义，何不趁此机会专心精研一下朱熹的格物功夫，于是将朱子的著作全部找来，认真阅读。然而读来读去，王守仁对于朱子格物之说始终感到一层隔膜，无法透彻，便想要到具体的物中去求。正好院内种植着一丛翠竹，王守仁便坐在院中，用朱子的格物之论，沉思竹子之理，聚精会神，全力以赴，竟然到了废寝忘食的地步，结果理没有格出来，倒是惹得大病一场。经过这次打击，王守仁对于程朱理学有所疑惑。

弘治六年（1493）、弘治九年（1496），王守仁两次会试接连落榜。当时有位举子也是连续两次会试落榜，不禁心灰意冷，觉得无颜面对故乡父老，而王守仁则说："世以不得第为耻，吾以不得第动心为耻。"在他看来，没有考中进士不算耻辱，而对于自己没有考中进士无法释怀，则是一件耻辱的事情。由此可见，王守仁所求大于科举，难怪他小时候就说科举未必是第一等事。

弘治十二年（1499），王守仁参加第三次会试，不但考中，而且名列第二。接着又在殿试中名列第十，赐二甲第七名进士，授刑部云南清吏司主事，后改任兵部武选司主事。任职期间，王守仁忠于职守，克己奉公，取得了令人瞩目的政绩。

正德元年（1506），南京给事中戴铣上书弹劾把持朝政的大宦官刘瑾，结果被投入监狱。得知此事后，尽管与戴铣素昧平生，王守仁毅然上书为戴铣辩护，结果也被投入狱中，之后受廷杖四十，发配至贵州西北的龙场驿担任驿丞。在极其艰苦的条件之下，王守仁依然没有放弃对"学为圣贤"的探索，并在正德三年（1508）的一天豁然开朗，史称龙场悟道。《阳明先生年谱》记载："忽中夜大悟格物致知之旨，寤寐中若有人语之者，不觉呼跃，从者皆惊。始知圣人之道，吾性自足，向之求理于事物者误也。"[①] 圣人之道，全在自己与生俱来的禀性之中，只需要向自己内心去寻求，不用到外面去寻找。之后，王守仁又提出了"知行合一"这一划时代的理论，认为"知之真切笃实处即是行，行之明觉精察处即是知"，"知是行之始，行是知之成"。

正德五年（1510），王守仁升任江西庐陵知县。之后历任南京刑部主事、南京吏部郎中、南京太仆寺卿、南京鸿胪寺卿。正德十一年（1516），王守

① 赵永刚.王阳明年谱辑存（二）[M].钟翌晨点校.贵阳：贵州大学出版社，2018，第 10 页。

仁被任命为左佥都御史、巡抚南赣汀漳等处。当时南安、赣州一带有众多叛乱者，他们盘踞山林多年，拥有数万人马，百余座山寨，经常侵袭官府驻地，绑架并杀害政府官员。朝廷曾派大军前往征讨，结果无功而返。王守仁到任之后，推行"十家牌法"，组织训练民兵，重组官军，并运用智慧与策略，陆续攻破各处山寨，终于在正德十三年（1518）四月彻底解决反叛者。为了防止反叛势力死灰复燃，王守仁奏请朝廷设置平和、崇义、和平三县，加强朝廷对这些区域的控制。另一方面，王守仁认为南赣地区之所以有这么多反叛者，根本原因在于民风不善，民众缺乏应有的礼制约束，法治意识淡薄，于是发布命令革除陋习，并大力推行《南赣乡约》，全面恢复社学，并兴建书院，推行教化。

王守仁在南赣平定反叛者的时候，并没有放弃著述和讲学。正德十三年（1518），王守仁特意亲自书写《大学古本》《中庸古本》的全文，并作序言，刊于石上，派人送到白鹿洞书院中，欲求正于朱熹。朱熹在编纂《四书集注》

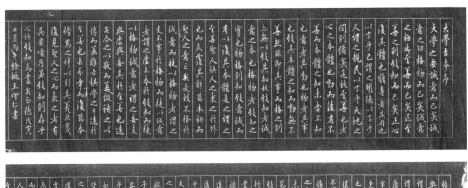

王守仁手书《大学古本序》等碑刻拓片

的时候，曾经将《大学》的文本进行重新编排并加以修订，以说明"格物致知"的重要性。而王阳明则坚持《礼记》中的原始版本，因为这个版本以"诚意"为根本。王守仁借恢复古本的名义，重新解释《大学》《中庸》，系统阐明心学要义，并指出朱熹任意分割原文，杂以己意，背离了圣人的原意，引人误入歧途。王守仁告诫大家读《大学》《中庸》当以古本为正。

在当时的学术环境下，王守仁反对朱熹及其后学的理论，当然是要遭受巨大压力的，也很难一下子就获得成功。因此，他把《大学古本》《中庸古本》送到白鹿洞，也没有引起太大的反响。

正德十四年（1519），宁王朱宸濠经过多年的准备，终于起兵叛乱，很快占领了九江等地，兵锋直指南京，天下震动。这可以说是明代中期国家面临的最大一场危机。王守仁听闻消息之后，立刻召集义军，进攻南昌，逼迫叛军回师救援，三战而生擒朱宸濠。为了这次叛乱，宁王蓄谋已久，但王守仁在没有朝廷支持的情况下，仅靠自己的谋略及地方官员的帮助，就一举平定之，令世人瞩目，天下轰动。平定宁王之乱使得王守仁在当时的影响力迅速提升，同时也使他面临一个更加险恶也更加复杂的现实状况。由于正德皇帝的无道，权臣的谗害，王守仁最终没有得到什么封赏。巨大的功劳，换来了数不尽的中伤和极大的猜忌。经过这次磨难，他的学说又前进了一步。《阳明先生年谱》记载："自经宸濠、忠、泰之变，益信良知真足以忘患难，出生死矣……"他自己也曾说过："某于此良知之说，从百死千难中得来，不是容易见得到此。"

宁王乱后，江西官场几乎扫荡一空，曾经被宁王攻陷的九江、南康尤其如此。正德十五年（1520），唐龙担任江西巡按，接受王守仁的推荐，上疏朝廷请求委任原福建兴化府儒学教授蔡宗兖出任江西南康府儒学教授、综理白鹿洞书院事务。王守仁早就想在具有象征意义的白鹿洞书院举行会讲，传播其心学理论。此次推荐自己的弟子蔡宗兖担任白鹿洞书院洞主，是为了日后在朱熹理学的重要阵地里弘扬心学。

不久之后，南昌知府吴嘉聪聘请王守仁编修《南昌府志》，王守仁便利用弟子蔡宗衮担任白鹿洞书院洞主的契机，建议在白鹿洞书院开馆修志，得到允许。于是王守仁令弟子夏良胜、舒芬、万潮、陈九川等人前往白鹿洞相聚，又催促弟子邹守益从速赶到白鹿洞。《阳明先生年谱》记载：

> 五月，修《南昌府志》于白鹿洞。是月，先生有归志，欲同门久聚，共明此学。适南昌府知府吴嘉聪欲成府志，时蔡宗衮为南康府教授，主白鹿洞事，遂使开局洞中，集夏良胜、舒芬、万潮、陈九川同事焉。先生遗书促守益曰："醉翁之意盖有在，不专以此烦劳也。区区归遁有日。圣天子新政英明。如谦之亦宜束装北上，此会宜急图之，不当徐徐而来也。"①

王守仁说自己想在白鹿洞开馆修志，但"醉翁之意盖有在，不专以此烦劳也"。所谓的醉翁之意，就是想在那里聚徒会讲。他又说，考虑到自己"归遁有日"，所以众弟子"宜急图之，不当徐徐而来也"。

正德十六年（1521）五月，王守仁来到白鹿洞书院，与众位弟子共同会讲，大力阐明心学，十分快意。参与此次会讲的，主要有夏良胜、舒芬、万潮、陈九川、邹守益、蔡宗衮等。白鹿洞书院诸生自然成为旁听者，一睹王守仁的风采，接受心学的洗礼。

夏良胜，字于中，江西南城人。为诸生时得到当时江西提学副使蔡清的器重。正德三年（1508）进士，授刑部主事，调吏部，进考功员外郎。正德皇帝荒废国事，出京南巡，夏良胜与礼部主事万潮、太常博士陈九川等人具疏劝阻，触怒皇帝，受廷杖之后除名。夏良胜回到家乡，聚徒讲学。明世宗即位之后，召复原官。夏良胜在白鹿洞创作有《问白鹿洞》："贫儒不用买山钱，到处开堂坐暖毡。白鹿效灵名古洞，紫阳卫道辟闲田。一湖水面真无恙，五老峰头尚有镌。末学虚怀遭雨恶，瓣香遥奠愧崇贤。"

① 龚晓康.王阳明年谱辑存（一）[M].贵阳：贵州大学出版社，2018，第96页。

舒芬，字国裳，江西进贤人。正德十二年（1517）状元，授翰林院修撰。舒芬在朝堂犯颜直谏，屡次劝谏明武宗，最终因为劝阻皇帝南巡而遭廷杖，贬为福建市舶副提举。明世宗即位之后，召复原官。舒芬以倡明绝学为己任，学贯诸经，兼通天文律历，尤精于《周礼》。他本来是正学中人，经历谪官变故之后，遂成为王守仁的弟子。舒芬在白鹿洞作有《白鹿洞赋》，是次韵朱熹《白鹿洞赋》之作。

万潮，字汝信，江西进贤人。正德六年（1511）进士。由宁国推官入为仪制主事，因谏阻武宗南巡而遭革职。明世宗即位之后，召复原官。后历任浙江提学副使、陕西左布政使等。

陈九川，字惟浚，江西临川人。正德九年（1514）进士，授太常博士。因反对武宗南巡，遭廷杖，削籍为民。明世宗即位之后，召复原官，再迁主客郎中。陈九川在白鹿洞创作有《白鹿洞谒祠毕示诸子》《洞居对面》等诗歌。如《白鹿洞谒祠毕示诸子》："乾坤留胜观，岩洞得遐踪。李氏原驯鹿，匡生自卧龙。有知非圣解，无欲证元宗。缥缈江湖上，忘言五老峰。"

夏良胜、万潮、舒芬、陈九川都是江西人，因劝谏武宗南巡一同被贬责，合称"江西四谏"。回到江西后，又一同从学于王守仁，成为推动心学在江西传播的中坚力量。

邹守益（1491—1562），字谦之，号东廓。江西安福人，正德六年（1511）进士，授翰林院编修，逾年告归。王守仁在江西任职时，他长期跟随左右，深得青睐。后官至南京国子祭酒。邹守益教人以王守仁的"致良知"为根本，并对其作了充分发挥，成为明代著名的理学家、教育家。著作有《东廓文集》等。此次会讲之后 20 余年，即嘉靖二十六年（1547），邹守益再次来到白鹿洞书院，宣讲心学要义，以光大老师的事业。耿定向《东廓邹先生传》云："丁未，游庐山，开讲于白鹿洞，揭濂溪'易恶至中'语是圣学正脉；举晦庵'脱凡近游高明'四语，是唤醒来学趋避关头；举象山'喻义喻利'讲义，是指出本心，斩截支离葛藤；末申《中庸》'戒惧不睹不闻，裁成辅相，举自中和流出'，乃是学术王伯诀窍云。"①邹守益的讲义《示洞生四说》被收录在郑廷鹄《白鹿洞志》中，流传至今。此外，邹守益又于嘉靖三十四年（1555）作《饶宗藩白鹿洞义田记》。这些都是后话。

此次白鹿洞会讲，王守仁十分高兴，并作《独对亭望五老峰》诗：

> 五老隔青冥，寻常不易见。我来骑白鹿，凌空陟飞蠙。
>
> 长风卷浮云，褰帷始窥面。一笑仍旧颜，愧我鬓先变。
>
> 我来尔为主，乾坤亦邮传。海灯照孤月，静对有余眷。
>
> 彭蠡浮一觞，宾主聊酬劝。悠悠万古心，默契可无辩！

独对亭是弘治年间江西提学副使邵宝为纪念朱熹所建，"独对者谁？晦翁朱夫子也。"（朱资《独对亭记》）王守仁这首诗以独对亭为题，分明就是与朱熹对话的意思。诗中称"我来尔为主，乾坤亦邮传"，隐含了对朱熹的大胆挑战。两句意思是说天地如同驿站，一站接一站，而今已传到我这里。"悠悠万古心，默契可无辩"是自信心学和道统默契的，无需争辩，体现了王守仁在学术上的自信和气度。这首诗气势豪迈，意境壮大，引起诸弟子纷纷唱和。

舒芬《过白鹿洞次韵》云：

> 孤蓬出吴城，五老仿佛见。兜舆上南康，乃获陟青蠙。
>
> 有开云古初，今始识颜面。屹然东南镇，不逐沧桑变。
>
> 匡生竟何在，白鹿却留传。藏修便巨儒，烟霞入情眷。
>
> 黉宇既振作，诲言重箴劝。咫尺濂溪水，源流许谁辩。

邹守益《次阳明韵》：

> 名山屡屡蹑，匡庐久未见。褰衣泛层湖，振策凌绝蠙。
>
> 一笑六合亭，始识五老面。烟云异晨昏，仙标俨不变。
>
> 顾怜尘寰中，白驹走邮传。叩首无极翁，绝学天所眷。

---

① 吴国富.新纂白鹿洞书院志［M］.南昌：江西人民出版社，2015，第 309 页。

皇皇白鹿规，逸驾竞相劝。矢言二三子，无负义利辩。

之后，越来越多的学者追和王守仁《独对亭望五老峰》，如朱节《谒白鹿书院次阳明先生韵》、卢襄《六合亭看五老峰》、王臣《游白鹿洞次韵》、缪建和《次阳明韵》、崔柏《独对亭雨后观泉次韵》、罗洪先《白鹿洞次阳明公独对亭韵》、陈汝简《次阳明先生韵二首》、方大镇《白鹿洞偶成用阳明先生韵二首》等等，使王守仁这首《独对亭望五老峰》成为白鹿洞诗歌中被次韵最多的诗作，饶有趣味。

王守仁这次聚讲对白鹿洞书院的影响很大。它确立了心学在白鹿洞书院的牢固地位。此后，心学传人不断在这里聚会、讲学，使白鹿洞书院成为心学传播的重要阵地。

蔡宗兖

唯一的钦命洞主

王守仁的心学理论能够在白鹿洞书院扎根并传播，蔡宗兖起到了关键的作用。如果没有蔡宗兖担任白鹿洞主，主导书院日常教学活动，那么王守仁在白鹿洞书院举行会讲的影响力只能是昙花一现。

蔡宗兖，字希渊，一字希颜，号我斋，浙江山阴人。正德十二年（1517）进士，曾任福建兴化府儒学教授，江西南康府儒学教授，太学助教，南考功郎，后擢四川提学佥事。

王守仁早年在浙江与士大夫讲学，但愿意接受其理论的人很少，只有徐爱（字曰仁）、蔡宗兖、朱节（字守忠）毅然拜其为师，令王守仁倍感欣慰。离别之际，王守仁作《别三子序》，说自己求师而难得，求友亦难得，幸而近年来得徐爱于余姚，得蔡宗兖、朱节于山阴，而"希颜之深潜，守忠之明敏，曰仁之温恭，皆予所不逮"。并表示："予有归隐之图，方将与三子就云霞，依泉石，追濂、洛之遗风，求孔、颜之真趣；洒然而乐，超然而游，忽焉而忘吾之老也。"可见他对蔡宗兖的器重。

正德八年（1513），蔡宗兖去参加科举考试，王守仁作《送蔡希颜三首》，诗中称赞："之子眇万钟，就我滁水滨。""求志暂栖岩，避喧宁遁世。"说蔡宗兖不在乎功名，沉潜于学问，"悟后六经无一字，静余孤月湛虚明。"这些都可见蔡宗兖在学问上颇得王守仁的真传，很受赏识。正德十二年（1517），王守仁听说蔡宗兖、许相卿、季本、薛侃、陆澄同年考中进士，就告诫说："入仕之始，意况未免摇动，如絮在风中，若非黏泥贴网，亦自主张未得。不知诸友却何如？想平时工夫，亦须有得力处耳。"教导蔡宗兖等人要牢树根基，勿为一时功名所动。

蔡宗兖考中进士之后，说自己"家贫亲老，愿就教职"，于是授福建兴化府（今莆田市）儒学教授。至正德十五年（1520），又告致仕而去。于是江西巡按唐龙奏请朝廷，任命蔡宗兖出任江西南康府儒学教授，综理白鹿洞书院事务。白鹿洞书院现存《皇明白鹿洞札付》云：

> 查得蔡宗兖年四十七岁，浙江绍兴府山阴县人，中正德十二年三甲进士。本年十一月奏称，家贫亲老，愿就教职。……将本官除福建兴化府儒学教授。正德十五年八月，该巡按福建监察御史沈开奏缺官缘由，内称福建兴化府儒学教授蔡宗兖准告致仕去讫。又查得江西南康府儒学见缺教授。今该前因，通查案呈到部，看得巡抚江西监察御史唐题称：宋儒朱熹建茸白鹿洞书院，以为讲论之所，至今荒凉零落，盖因无官综理。访得教授蔡宗兖学问深赅，志行清古，乞要将本官改调南康府儒学教授，兼综理书院一节为照。教授蔡宗兖平素学问委有可称，近因告疾，遽令休致，似乎人才可惜。今该巡按江西监察御史唐论奏前因，相应起用。合无将蔡宗兖除授江西南康府儒学教授，仍支正八品俸级、给凭，令其到任，不妨原职，综理白鹿洞书院一应事务。行令有司，以礼优待，庶几后学得师，

前规不坠。①

　　蔡宗兖在福建担任儒学教授，官职卑微，名气不彰，与江西巡按唐龙也没有世谊等私人关系。因此，唐龙奏请蔡宗兖出任江西南康府儒学教授，应当是出自王守仁的举荐。王守仁希望通过在程朱理学的重要阵地白鹿洞书院安排心学的弟子出任洞主，从而传播心学理论。

　　毛德琦《白鹿书院志》记载，江西巡按唐龙于正德十五年来到南康，"首诣书院，谒先圣毕，访查书籍、田亩无官综理，奏起原任兴化府教授蔡宗兖以为南康府教授，专主洞事。事下部议，从之。明兴未有以白鹿洞主为请者，兹异数也。"自从李龄兴复白鹿洞书院以来，白鹿洞书院的洞主要么是由江西提学、南康知府礼聘著名学者担任，要么是由江西提学从全省学官中选拔德才兼备者兼任。像蔡宗兖这样由江西巡按提请朝廷任命的，仅此一例而已。

　　正德十六年（1521）初，蔡宗兖正式出任南康府儒学教授、综理白鹿洞书院事务。初次踏上白鹿洞书院的土地，蔡宗兖不仅感慨万千，作《初诣洞学》抒怀："匡庐千载会，又复值吾生。云海经旬雨，松门今日晴。谷虚如有纳，山静本无争。想见藤阴路，前贤接武行。"遥想南宋的时候，朱熹与陆九渊相会于白鹿洞书院，传千古之佳话。作为后学，我如今也来到了这片胜地。雨过天晴，风景如画，前方幽静的道路上，曾经有那么多的前贤陆续走过，到书院论学讲道，阐释学问的真谛。蔡宗兖必定也会沿着前贤的足迹，虚怀若谷，切磋学问。来到书院之后，蔡宗兖祭祀周敦颐、朱熹，并作《告周朱二先生文》，赞扬他们"一气渊源，垂范百世"的功绩。

　　上任不满一个月，蔡宗兖就发布《谕士》，号召才德之士来到书院，共同切磋学问，进德修业。"或先告我以岩下之老、栗里之贤、四世之隐，我则能次第而请见之。或枉顾我于成德之堂、希贤之室，我则能礼下而请益之。

———————

① 吴国富. 新纂白鹿洞书院志［M］. 南昌：江西人民出版社，2015，第 191—192 页。

庶几因一方之贤，而知一省之贤，又因一省而知及于天下也。"① 可见其渴望同道中人能够来到白鹿洞书院，相互砥砺。

唐龙在《起蔡宗兖为白鹿洞主疏》中奏报："臣近日巡历本府，首诣书院，展拜先圣先贤，见得祠殿荒凉，门庑零落，往来皆牛羊之迹，前后俱蔬稼之圃。及访书籍，已多散亡，田亩亦浸遗失。询厥所由，盖因无官综理，每年只是本府星子县编佥门子二名轮流看管，以致狼狈至此。"② 可见由于缺乏得力之人的管辖，再加上宁王叛乱的影响，白鹿洞书院已经破败不堪了。为了振兴白鹿洞书院，蔡宗兖在充分考察调研的基础上，制定了《申明洞禁榜》，并经江西提学佥事邵锐的批准，悬挂在书院中，作为管理书院事务的法律依据。

《申明洞禁榜》共计九条，涉及的事情主要有送迎长官、管理书籍、经营洞田、管理洞产等等。

一、"上司来视书院，皆以论道讲学为心，以培养士气为志。洞中师生迎送拜揖，毋得辄自屈膝，以负上司期待作养之意。其迎送悉照正统间广东李提学龄旧规，以枕流桥为止。"这一条是规范白鹿洞书院迎接上司视察的仪式，其重点是按照接待"论道讲学"的学者来迎接上司，双方都要做到以文会友，以礼相待。

二、"本洞储书，专以敦迪士类。近年江西科场必取洞书应用，及至领回，缺者不敢言缺，失者不敢言失，洞书残落，大半由此。且天下处处大比，岂皆借白鹿之书乎？今后江西科场书籍，合行布政司自备，该府毋得辄取白鹿洞书籍送用，以致遗失。"这一条是针对白鹿洞书院藏书因江西科举考试借用而导致损失严重的情况，规定白鹿洞书院藏书专用于书院教学，江西布政司不得在科举考试中借用。

---

① 吴国富.新纂白鹿洞书院志［M］.南昌：江西人民出版社，2015，第 261 页。
② 吴国富.新纂白鹿洞书院志［M］.南昌：江西人民出版社，2015，第 191 页。

蔡宗兖：唯一的钦命洞主

三、"院中书籍，考旧志所载，残缺遗亡者十已五六，近经兵乱，全无册籍查据。今后仰本府设立一样册籍四本，明开书籍什器，解赴本道钤印印过，一留本道存照，一留本府存照，一发本府学存照，一发付书院库子收管，庶查考有据，不致小人诬罔。仰本洞每月朔查取门库损失有无执结。岁终，本学仍申本道知照。"这一条规定将现存图书按一式四份登记造册后，经江西提学道钤印认可，分别由提学道、南康府、南康府学及书院书籍管理人员（库子）保存，以备核查。白鹿洞书院每月要查询一次书院藏书情况，每年要向提学道汇报一次藏书情况，从而最大限度地保护了白鹿洞书院的藏书。

四、"先贤买田积租，专以养士。近因生徒不至，将累年储积发修府县两学，其至他郡亦或请租修学，殊失先贤买田本意。况天下在在修学，岂皆借白鹿之租乎？今后仰府储积洞租，专留养士，养士羡余，止许支修白鹿洞学。其修府县两学，仰府自行措置，毋得辄支洞租，以缺养士之谷，以负先贤之志。"这一条强调白鹿洞书院经费要做到专款专用，禁止挪作他用。

五、"征收白鹿洞租，不委老人义民，则委丞簿府幕，租谷未催，而利心先动。累年拖欠，职此之故。今后洞租在南康府者，行委南康府清勤正官征足；其在南昌府，行委南昌府清勤正官征足，发至南康收管，令南康缴报本道。如有违犯，径自提问，庶事体归一。"这一条明确白鹿洞书院田租征收的责任主体，以保证田租按时足额征收完成。

六、"本洞教授，以训人育物为事，以养廉守耻为先。若使征收租谷，非惟势有所不行，而职亦有所不专矣。今后上委府官征收租谷，谷完之日，惟帖报教授数目，令其开列师生姓名支给。支给之日，教授眼同面斛，于本道洞租簿上亲书支数，以凭查照。"这一条明确白鹿洞书院师生领取租谷的方式，属于经费支出方面的规定。

七、"白鹿洞户一应税粮茶丝正额，俱各准租完纳。近复编佥杂差，则似以先贤充徭役矣。今例吏员一人，尚得蠲免三丁，白鹿洞系先贤户籍，独不能蠲免差徭乎？又况田在星子者止二百余亩，若租谷准差既多，则养士者愈少。今后白鹿洞户在星子者，杂差悉与蠲免；其建昌田多者别论。若恐星子邑小任重，宜就建昌通融补足。"这一条规定白鹿洞书院学田（在原星子县部分）蠲免杂差徭役，以保障书院经费充足。

八、"白鹿洞中，别无仓廒储积租谷，若有士肄业洞中，使其出府领谷，山路往返几四十里，似若跋涉。合仰本府立仓洞中，将近洞田租收贮，就洞散给。其建昌、南昌二处租谷，依旧收蓄府仓，俟洞仓所储将尽，该府陆续运补，务令充足，以备支给。"这一条规定白鹿洞书院租谷的存储方式。由第六、第八两条可知，当时白鹿洞书院发放给师长、生徒的费用，采用的是谷物直接分配的方式。

九、"大成殿诸门宜牢加关锁，非洒扫参谒，不得擅开，以致秽污亵渎。其关锁未备者，仰门库具呈本洞教授申府取具。"[1] 这一条是对祭祀孔子的大成殿制定的管理制度，保证大成殿的神圣庄严。

在《申明洞禁榜》中，蔡宗兖对于书院管理中存在的问题一一进行剖析，并制定切实可行的举措，尽可能地减少书院管理中的各项漏洞，保证书院经费收支的正常运行，为教学活动的开展提供有力的物质保障。

在蔡宗兖的大力整顿之下，白鹿洞书院面目一新，为王守仁在书院举行大规模会讲提供了保障。正德十六年（1521）五月，王守仁召集门人夏良胜、舒芬、万潮、陈九川、邹守益等相会于白鹿洞书院，宣讲心学理论，特别是论述"致良知"的学说，产生了深远的影响。这次会讲使心学理论最终在白鹿洞书院站稳脚跟，并把白鹿洞书院改造成心学理论的传播阵地。这一切还有赖于白鹿洞主蔡宗兖的鼎力支持。

朱熹制定的《白鹿洞书院学规》是白鹿洞书院的教育宗旨，是历代白

---

[1]　以上九条俱载吴国富.新纂白鹿洞书院志［M］.南昌：江西人民出版社，2015，第259—260 页。

蔡宗兖：唯一的钦命洞主

95

鹿洞主都要遵守的最高学规。为了心学理论的顺利传播，蔡宗兖撰写《洞规说》，用心学理论阐释朱熹制定的学规。《学规说》：

> 朱子白鹿洞规，欲使学者易见，故条列以示人耳。合而言之，博学者学此五伦也，慎思者思此五伦也，明辨者辨此五伦也，笃行者行此五伦也。言此五伦而务实，言忠信也。行此五伦而克谨，行笃敬也。处此五伦而气有不平，忿也；意有所私，欲也；处无所差，善也；处有所差，过也。正义不谋其利，明道不计其功，即惩忿窒欲之事；不欲勿施于人，不得反求诸己，即迁善改过之事。非出五伦之外，而别有接处；非出博学五者之外，而别有其功也。然合五者而总其要，则又不出此心而已。故随事而用其心，则曰博学；有问而专其心，则曰审问；即事而研诸心，则曰慎思；心昭昭而密察，则曰明辨；心存存而不已，则曰笃行。遇父子而此心恻怛，曰亲；遇君臣而此心敬畏，曰义；遇夫妇而此心不狎，曰别；遇长幼而此心克让，曰序；遇朋友而此心不欺，曰信。忿，心之猛也；欲，心之私也；善，心之得也；过，心之失也。正义不谋其利，明道不计其功，心之忠也。不欲勿施于人，不得反求诸己，心之恕也。故孟子曰：学问之道无他，求其放心而已矣。张子曰：心统性情。朱子曰：自古圣贤皆以天地之心为本。皆为此也。今人但知朱子之条列，不知朱子之统会，往往泛求诸事，而不内求于心。夫泛求诸事，则多歧乱，是日见其烦扰而支离矣。内求于心，则一本上达，日见其平易而切实矣。故今绅绎洞规，发明此义，虽未敢谓能暴白朱子之至教，庶几不蔽天下之正途，诸君其与我共由之哉。[①]

蔡宗兖说朱子白鹿洞规分列多则条目是为了方便学者阅读，其实学习的宗旨就是五伦，学习的方法就是"博学、慎思、审问、明辨、笃行"，如

---

① 吴国富.新纂白鹿洞书院志［M］.南昌：江西人民出版社，2015，第261—262页。

此而已。即"非出五伦之外，而别有接处；非出博学五者之外，而别有其功也"。而五伦都离不开"心"，比如遇到父子之伦而心有恻怛，就是父子有亲；遇到君臣之伦而心有敬畏，就是君臣有义等等。而五种学习方法也都离不开"心"，比如"随事而用其心"就是博学，"心存存而不已"就是笃行。最后总结说："今人但知朱子之条列，不知朱子之统会，往往泛求诸事，而不内求于心。"泛求诸事则头绪杂乱，无处下手。内求于心则能抓住重点，平易而切实。经过蔡宗兖的一番解释之后，朱子白鹿洞规的各个条目全都归结于"心"，成为具有心学色彩的学规，为心学在白鹿洞书院传播做好了理论支撑。

作为新的学术理论，王守仁所创立的阳明心学在当时遭到信奉程朱理学人士的巨大压力。在这种情况之下，蔡宗兖在理学重要阵地白鹿洞书院传播心学，必然也会遭受来自各方的巨大压力和各种掣肘。为此，他一度要求辞官归去。王守仁此时不得不出面劝阻，又请南康府出面挽留，作《仰南康府劝留教授蔡宗兖》："据南康府儒学中，看得教授蔡宗兖，德任师儒，心存孝义，今方奉慈母而行，正可乐英才之化。况职主白鹿，当宋儒提倡之区；胜据匡庐，又昔贤栖隐之地。偶有亲疾，自可将调；兴挂冠之请，似违奉檄之心。仰布政司备行南康府掌印官礼劝留，仍与修葺学宫，供给薪水，稍厚养贤之礼，以见崇之意。"在老师的斡旋下，蔡宗兖继续主持白鹿洞，为王守仁在白鹿洞书院传播心学创造了良好的条件。

嘉靖元年（1522），王守仁离开江西，作诗赠别蔡宗兖。其《别希颜》诗云：

> 后会难期别未轻，莫辞行李滞江城。
>
> 且留南国春山兴，共听西堂夜雨声。
>
> 归路终知云外去，晴湖想见镜中行。
>
> 为寻洞里幽栖处，还有峰头双鹤鸣。

王守仁希望蔡宗兖坚守白鹿洞书院，莫要轻言离任。蔡宗兖果然不辱师命，又兢兢业业地管理白鹿洞书院两年，之后升任南京国子监太学助教，践行新的使命。

湛若水

随处体认天理

自王守仁鹿洞会讲之后，心学便在这一古老书院内生根发芽，茁壮成长。嘉靖年间，越来越多的心学传人来到白鹿洞，或管理书院事务，或在书院开展讲学，促成了心学在白鹿洞书院的兴盛局面。在此背景下，心学大家湛若水的理论也在白鹿洞得到传播。

湛若水（1466—1560），字元明，初名露，字民泽，号甘泉，广东增城人。弘治五年（1492）举人，次年会试落榜，遂不乐仕进，并且烧毁"路引"（赴考凭证）以表决心。弘治七年（1494），他成为当世大儒陈献章的弟子，潜心研究心性之学，提出"随处体认天理"的理论。陈献章对于湛若水极为看重，预言这个学生将大有作为。弘治十三年（1500），陈献章去世，湛若水为之服丧三年。弘治十七年（1504），在母亲和广州府金事徐弦的再三规劝之下，湛若水重新取得路引，北上京师参加会试考试。途中，他受到南京国子监祭酒章懋的赏识，入监读书。弘治十八年（1505），湛若水考中进士，名列第六，选庶吉士，授翰林院编修。在京期间，湛若水结识了时任兵部主事的王守仁。正德七年（1512），

湛若水塑像

湛若水奉使安南。正德十年（1515），湛若水丁忧居家。嘉靖元年（1522），湛若水回到京师，出任翰林院编修，曾任南京国子监祭酒、南京吏部侍郎、礼部侍郎等职，仕至南京兵部尚书。卒后追赠太子少保，追谥文简。湛若水学问鸿博，著述丰富，有《圣学格物通》《春秋正传》《甘泉先生文集》等。湛若水是明代心学大家，与王守仁各立宗旨、分席讲学，推动了心学思潮的发展，史称"时天下言学者，不归王守仁，则归湛甘泉"，有"王湛之学"之称。

湛若水与白鹿洞有着特殊的缘分。早在弘治十七年（1504），湛若水北上参加会试的途中，他曾路过白鹿洞书院，作有《甲子秋初访白鹿洞》：

十亩堂开旧典刑，当年白鹿也来迎。

群山靡靡水争出，独树荒荒鸟自鸣。

烟散香炉浮俎豆，苔生漱石上檐楹。

废兴只有人心在，五百年来拜后生。

当时的白鹿洞书院似乎颇为落寞，鸟鸣、苔生，增添几许惆怅。而尾联中的"废兴只有人心在"似乎是一种预言，预示他将以自己的心学再一次推动白鹿洞书院重现学术高潮。

嘉靖九年（1530），王溱任南康知府，在白鹿洞书院大力弘扬湛若水的心学理论。王溱（约 1483—1540），字公济，号玉溪子，开州（今河南省濮阳市）人，正德六年（1511）进士。王溱一到南康府便关注白鹿洞书院的发展，将当时著名心学家湛若水的代表作《心性图说》与《四勿总箴》刻于书院中，作为学习的教材，以便师生朝夕揣摩。

《心性图说》云："性者，天地万物一体者也。浑然宇宙，其气同也。心也者，体天地万物而不遗者也。性也者，心之生理也。心性非二也。譬之谷焉，具生意而未发。未发，故浑然而不可见。及其发也，恻隐、羞恶、辞让、是非萌焉，而仁义礼智自此焉始分矣。故谓之四端。端也者，始也，良心发见之始也。是故始之敬者，戒惧慎独，以养其中也。中立而和发焉，万事万化自此焉，达而位育，不外是矣。故位育非有加也，全而归之者耳。曰：'何谓敬终？'即'始之敬而不息焉者也。'曰：'何以小圈？'曰'心无所不贯也。''何以大圈？'曰：'心无所不包也。'包与贯，实非二也。故心也者，包乎天地万物之外，而贯夫天地万物之中者也。中外非二也。天地无内外，心亦无内外，极言之耳矣。故谓内为本心，而外天地万物以为心者，小之为心也甚矣。"《心性图说》中有大圆，表示心性无所不包；又有小圆，表示心性无所不贯；又有上下四方，表示心性无处不在；综合起来表示宇宙的千变万化无不出于心性，宇宙之内的事即心性的分内之事。

《四勿总箴》："古之学者本乎一，今之学者出乎二。予以四箴存中以应外，制外以养中，惠教后世学者至矣。使其知合观并用之功，则善焉。如其不然，或有分崩离析之患，而昧精一易简之学矣。予为此惧，推程氏之意，以达孔颜之旨，为作《四勿总箴》，庶学者知之，合内外之道，以不二乎一贯之教焉。心含天灵，灏气之精。与地广大，与天高明。惟精惟灵，贯通百体。非礼一念，能知太始。事虽惟四，勿之则一。如精中军，四面却敌。精灵之至，是谓知几。颜复不远，百世之师。圣远言湮，多歧支离。一实四勿，毋二尔思。"《四勿总箴》之要是发明"存中以应外，制外以养中"的工夫，从而把握道体，与《心性图说》相辅相成。

就在王溱刊刻《心性图说》《四勿总箴》之后不久，嘉靖十五年（1536）八月，湛若水再次来到白鹿洞书院。故地重游，感慨良多，遂作《丙申秋再访白鹿洞五首》：

卅年不见庐山面，依旧庐山似我癯。

驻桨题诗人不见，丹山今在小司徒。（其一）

山青云白似吾无，似笑头颅非故吾。

世态日随人事变，山灵何必讶头颅。（其二）

如何瀑布不飞津，秋后山枯山亦贫。

纵有真龙能作雨，真龙亦自解全身。（其三）

甲子题诗入洞扃，山灵于我得无情。

北风浩浩吹云幕，五老欣欣举手迎。（其四）

朱陆当年此讲闻，晓然义利一时分。

要知义利真消息，物我心生似火焚。（其五）

转眼三十年，世事变迁，人物凋谢，只有青山如故。湛若水在白鹿洞书院参拜了先圣先师，游览了书院各个院落。当他看到王溱刊刻的《心性图说》《四勿总箴》之后，颇为感动，心中不免有一番话说，然而行程紧迫，步履匆匆，只能恋恋不舍地启程南下，未能完成讲学白鹿洞书院的心愿。此后，湛若水不免常常想起白鹿洞书院的"洞中胜景，一时盛会"。

两年之后，王慎中出任江西参政。他非常推崇湛若水的学术理论，对白鹿洞书院也关注有加，因此致书湛若水，邀请其前来书院讲学。湛若水深为王慎中"成己成物、嘉惠后学"的精神所感动，但他政务繁忙，无暇亲临白鹿洞书院讲学，于是写了一篇文章，阐释《心性图说》《四勿箴说》的精义，采用书面讲义的形式对白鹿洞书院学子进行教诲：

> 丙申中秋八月日，予以考满，由江达湖而南，携诸生重访白鹿洞书院。谒拜先圣先师讫，登眺新开洞，憩息文会堂。观前南康守玉溪王子溙公济刻予《心性图说》于碑屏，镌《四勿总箴》于洞壁。会南昌乡进士裘生衍先住洞馆，与之观二刻，默然感悟，而未竟其说。尔后遵明旨复职，而洞中胜景、一时胜会，常往来于怀。今年戊戌孟秋，得今江西少参晋江南冈子王子道思寓书于予，曰："日者行部至江州，谒白鹿洞宗儒祠，坐文会堂，见心性诸图刻，俨若对先生。因与诸师生发明先生'随处体认天理'之学，听者莫不动心焉。然此图固先生平生得力处，然非专为此洞作，如陆象山、吕东莱之讲义记文，专留洞中，学者传诵也。况先生尝莅斯堂，乃惟嘉惠后学，留之讲义。慎中也当刻之贞珉，续之新志，以与诸生面授口讲，以布先生之教于无穷。此洞之幸也，亦我先生之心也。"予闻而伟之，曰："甚哉！王子成己成物、嘉惠后学之盛心也。水也何敢嗣言于诸先哲之后哉？虽然，吾尝有得于天之所以与我者，而闻圣学之大头脑于君子矣。盖圣学之要，于《心性》《总箴》二图焉尽之矣。《心性图说》以言其道体也，《四勿图箴》以究其功夫也。二图者，实相表里，实相发明者也。玉溪王子并刻于洞中，其有深意乎！予时在行李匆匆，启其端，而未竟其说。今以南冈子之请，千里致书而殷勤焉，吾虽欲勿言，忍负其盛心耶！窃惟先哲讲义，固不拘拘于一书，发其精意，使可用力焉止矣。因即其二图之刻在斯洞者发挥之，以究其体认用功之实，寓复南冈子以与太守梁子懋阳及洞中诸师生讲求焉。
>
> 时嘉靖十七年八月廿四日。

在讲义中，湛若水回忆了嘉靖十五年（1536）的白鹿洞书院之行，并转述王慎中写给他的书信，最后指出"盖圣学之要，于《心性》《总箴》二图焉尽之矣。《心性图说》以言其道体也,《四勿图箴》以究其功夫也。二图者,实相表里,实相发明者也。"希望白鹿洞书院的学子能够深入研习《心性图说》《四勿图箴》,领悟心学的真谛。

康熙二十年（1681）春,文会堂前照壁由于年久失修而倒塌,照壁背面所镶王溱刻湛若水《心性图说》因而损坏。次年,许延珣在书院中立碑石,劂刻朱熹《白鹿洞规》,将《心性图说》附刻于朱熹洞规之后。许延珣跋:"宗儒堂前相去百步许,旧有石壁一统,状似萧墙,四方径丈。其阳刻朱子洞规,其阴刻湛甘泉先生《心性图说》。忽圮于康熙二十年辛酉之春。当岁,好事者即其址建督学詹公生祠。予小子大惧其制影之并灭也,顾力不能复其旧,乃急为摹其制于小石如右。"这通碑刻现在保存在书院碑廊中。

吴国伦

理学重地传诗文

明代"后七子"是兴起于嘉靖中后期的一个诗歌流派，主要成员包括李攀龙、王世贞、谢榛、宗臣、梁有誉、徐中行、吴国伦，他们才高气锐，互相标榜，拥有相近的文学主张，古体宗汉魏，近体宗盛唐，对当时的文学创作产生了较大的影响。"后七子"中的吴国伦曾经担任南康府推官，管理白鹿洞书院事务，创作了多首以白鹿洞书院为主题的诗歌。

吴国伦（1524—1593），字明卿，号川楼子、惟楚山人、南岳山人，武昌府兴国（今湖北阳新）人。吴国伦少年时沉溺于赌博，他的妻子陈氏一怒之下将其赌具全部焚毁，并痛斥其非。吴国伦从此浪子回头，发奋读书。当时，他们家道中衰，经济拮据，又是陈氏通过变卖嫁妆继续支持吴国伦读书。最终，吴国伦在嘉靖二十八年（1549）考中举人，次年又联捷考中进士，授中书舍人。可惜的是，他的贤妻陈氏却因病过世，无法看到吴国伦辉煌的人生。在京师，吴国伦与李攀龙、王世贞、梁有誉、宗臣、徐中行等人交游，声气相通，互相砥砺。嘉靖三十四年（1555），遭到权臣严嵩陷害排挤的梁有誉病逝，年仅 36 岁，吴国伦与王世贞、宗臣等人设神位祭拜，痛哭流涕，因而得罪严嵩。当时，兵部员外郎杨继盛奏劾严嵩十大罪、五奸状，却被嘉靖皇帝处以死刑。杨继盛被杀的次日，吴国伦与王世贞等人设酒祭奠，并为杨继盛办理丧事，安顿家小，更加惹恼了权臣严嵩。不久之后，吴国伦被贬为江西按察司知事。

嘉靖三十六年（1557）三月，吴国伦调任南康府推官，摄白鹿洞事。他曾作《量移南康司理》诗：

> 圣主恩难测，微官亦量移。得书儿乍喜，怀土妇仍悲。
>
> 懒性堪湖海，衰容且岁时。试看垂翼鸟，那得厌卑枝。（其一）
>
> 吾岂如匏系，依然彭蠡滨。赐环恩不浅，怀璧意难申。
>
> 小郡留迁客，名山借主人。敢期宣室召，朝野总风尘。（其二）

诗歌当中充满了牢骚幽怨的情绪。他说自己就像是"垂翼鸟"，哪敢挑三拣四，只能乖乖地待在"卑枝"上。又说自己身怀璧玉而无人赏识，只能在小小的偏远之地苟活。他在《复元美书》中也说："夫国伦徒以湘累故，自令见放，夫复何言！移之匡山，颇极陈力，何侧目者之心难厌也！岂必御魑魅而后已耶！……欲谢绝人间事，担簦结袜，为五岳之游，顾以十口嗷嗷，四壁萧瑟，未能弃而不问计。"书信中更是表达了自己的悲愤之情。他本想辞官不做，可是一家十口人拖累着，又没法抛弃这繁琐的公务。因此，吴国伦纵游匡山蠡水间，将自己的满腔悲愤化为诗歌。如《月夜泛彭蠡》：

> 烟波渺不极，逐客在孤舟。月拥双湖落，云从五老浮。
>
> 鱼龙衰楚渚，星象著吴钩。魏阙今愈远，愁心空子牟。

《匡山即事二首》：

> 谁谓乾坤大，狂生亦簿书。不成收五穀，犹似逐三闾。
>
> 山水情偏狎，文章癖未除。陶潜骨已朽，松菊是吾庐。（其一）
>
> 移官复此地，万里自君恩。未即辞彭泽，犹能忆蕙门。
>
> 几年湖上长，宦迹洞中存。塞拙非无意，难从达者论。（其二）

这些诗歌集中体现了吴国伦极度抑郁、极度悲愤的心境。"魏阙今愈远，憨心空子牟"典出《庄子·让王》："中山公子牟谓瞻子曰：身在江海之上，心居乎魏阙之下，奈何？"表现自己身处草野、心怀朝廷的心情。一个"空"字则写出了无人理会的悲凉。"不成收五羖"，使用秦穆公以五张公羊皮为百里奚赎身的典故，希望朝廷能够赏识他的才能。"犹似逐三闾"指屈原"信而见疑，忠而被谤"的悲剧，表现了愿作忠臣而不得的情怀。有志难申，报国无门，吴国伦于是想到了隐居庐山脚下的陶渊明，极力平息他的悲愤之情。

不过，当吴国伦踏入无市井之喧而有泉石之胜的白鹿洞书院，面对莘莘学子，便将所有烦恼抛在一旁，尽情领略"得天下英才而教育之"的自豪与快意。

第一次踏入白鹿洞书院的时候，吴国伦赋《初至白鹿洞与诸生》：

> 庐山五老峰，缥缈在霞脊。下有仙人岩，含虚吐神液。
>
> 洞门苔已深，白鹿但遗迹。仙人渺何之，陵谷尚迁易。
>
> 二三儒者徒，灵源匠心辟。诛茅构讲堂，选石步经席。
>
> 溪纷洙泗流，岭亦抗凫峄。睿予憔悴容，眷此迥然适。
>
> 南州士如云，从之叩今昔。谐声登雅歌，洋洋振金石。

诗中一反在此之前的悲愤落寞情绪，以灵动的笔触刻画白鹿洞书院超尘脱俗的读书环境，就连自己这个一身憔悴的天涯沦落人，到此也感到悠然自得。面对这么多江西才俊，吴国伦登坛讲论，析难答疑，感到充实而快乐。

八月，吴国伦与江西提学王宗沐相会于白鹿洞书院，二人率领书院师生讲学、游览、宴饮、唱和，极为欢愉。吴国伦作《王新甫督学枉驾白鹿洞诸生从者二百人》：

> 石径逶迤到使君，南州多士集如云。
>
> 雷鸣大壑蛟龙奋，雾隐深山鹿豕群。
>
> 野服松间行吊古，胡床溪上坐论文。
>
> 即看五老中天起，列室诸峰次第分。

王宗沐在《朋来亭记》中也记述了当时的情景："嘉靖丁巳，余视学事，八月十五日按南康。既竣试，出居白鹿洞。时兴国吴君明卿由给事中谪居主洞事也，各府生儒至者几三百人。秋色霁肃，月吐而净，山高远市，树杪水出，石鸣籁静。昼集礼殿，夜则巾履，敷席岩头，诸生环坐，剧难发幽，各有旨趣。意得喉嗌，歌声四发，振薄空虚。解涤羁，洗嚣湫，队分侣引，或留或起，凡七日而解。"[1] 白天讲学及游览周边风景，晚上则列坐溪边大石上，或往复辩论，或赋诗高歌，这是多么快乐的学习时光啊，难怪吴国伦在白鹿洞书院内一扫抑郁之情，纵情高歌。

吴国伦遍游白鹿洞书院周边胜景，创作了多首诗歌。如《白鹿洞二首》：

斜日照岩扉，携壶坐钓矶。水衔千石漱，云挟众山飞。

岂复悲漂泊，翻能识是非。斐然二三子，从汝咏而归。（其一）

古壁凌空削，寒云匝地生。亭延五峰色，杯倒万松声。

白鹿不知处，青山空复情。予将掩关卧，群象未须惊。（其二）

又如《宿白鹿洞》：

蹑屐非无兴，其如落日何。名山私傲吏，世路辟狂歌。

竹色杯中满，泉声枕上多。苍崖万余仞，曙起更堪磨。

往哲先贤在白鹿洞造就的宁和气氛和书院的幽秘环境，使诗人的心境趋向平和，感受到置身人事纠纷之外的美好心境，也产生了与二三子歌咏而归的雅兴。

他又登上李梦阳建造的六合亭，感叹其杰出的才华和悲惨的境遇，不禁情动于衷，作《登六合亭》：

六合题诗者，斯人亦壮哉。文章宁负汝，泉石仅怜才。

瀑布垂天落，湖波转雪来。登高欲舒啸，风急万山哀。

该诗虽然也是抒写苦闷不得志的人生感悟，然而意象壮阔、气势豪迈，颇有沉郁顿挫之风范，较之前面抑郁苦闷的诗作，已经高明许多。吴国伦

---

① 吴国富.新纂白鹿洞书院志［M］.南昌：江西人民出版社，2015，第144页。

能够百尺竿头更进一步，实在是得意于白鹿洞书院的静谧环境为他在人生低谷期提供了反思沉淀的机会，使他能够走出自艾自怨的泥潭，从而得到精神上的升华和文学创作上的提升。

在白鹿洞书院，吴国伦也常常邀请同道中人一起游历、饮酒、唱和。如《吴明府携壶登山同邹李二文学藉石而饮》：

> 客有盈樽酒，携当绝巘开。风雷生大麓，星宿满香台。
>
> 万态看如幻，群峰坐欲摧。涓涓九江水，乍可以浮杯。

吴国伦与同僚在庐山顶上痛饮狂歌，坐看人间百态。山下的江湖渺小得如同一杯水，彰显了诗人雄视人间万象的豪气。

此外，吴国伦还在白鹿洞书院刊刻《秦汉书疏》十八卷，该书收录秦汉两朝文章四百零七篇。聂豹在《刻秦汉书疏序》中说："秦汉书疏去古未远，三代之遗风犹在。敷陈理要，功利生民，裨赞世教，究治乱之原，而不诡乎帝王之道。……欲复古治，当复古文。"[①] 可见他们是想通过学习古文，进而恢复古代王道治理。该书现今收藏在国家图书馆、上海图书馆等单位。

吴国伦在南康府推官任上待了一年多，同时也管理白鹿洞书院事务一年多。作为诗人，他没有在书院留下学规、讲义等文献，也没有修建亭台楼榭，而是将大部分精力用于创作诗歌。但他却是一位受书院学子欢迎的好老师。《初至白鹿洞与诸生》云："南州士如云，从之叩今昔。"他与王宗沐会面的时候，白鹿洞诸生二百多人跟随着他。独自行吟时，也有学生跟从，《白鹿洞二首》云："斐然二三子，从汝咏而归。"

吴国伦与白鹿洞书院的结缘，不但推动了吴国伦的文学创作，完善其文学主张，而且对白鹿洞书院发生了极大影响。明代管理白鹿洞书院事务的官员和洞主，大多是理学家、心学家，很少有真正的文人。在吴国伦之前，李梦阳、王慎中等人也在白鹿洞创作了不少诗歌，但地方大员的身份决定

---

① 吴国富.新纂白鹿洞书院志［M］.南昌：江西人民出版社，2015，第377—378页。

他们更加关注书院弘扬儒学，而非在书院中传播文学。高贲亨《白鹿洞十戒》更是把无关乎圣人之道的历代作家文集视为"无益之书"，禁止在书院内阅读。长期的理学教育，不免带给书院沉闷的学术氛围。吴国伦在《胡祭酒集序》中说，那些"论道讲业"之人，自名为圣人之徒，却常常割裂大雅，糟粕微言，还自我掩饰说："我具体圣人足矣，焉用文之。"的确，众多学者在这里讲论古圣先贤的断简残编时，很少用自己的真切性情、生命的灵光去撞击古人的思想精华，教给学生的大多是枯萎的思想。吴国伦借助生命体验在这里创作了大量诗歌，用自己的灵性照亮了枯槁的经典，将生命的灵光灌注在黯淡的字里行间，在一定程度上冲击了书院教育的陈腐气息。吴国伦在《李尚书集序》中说："嗟乎，诗之为教大矣哉！今观陈公诸诗，其于君臣、父子、兄弟、朋友之间，意何肫肫至也。而其登高望远，感今怀旧，语又何泠泠悲且婉也。岂其以古道称诗而以诗道风我江汉之民乎！"充分肯定了文学的教育价值。因此，吴国伦用诗歌创作来教育学生，为白鹿洞书院注入了强烈的人文精神，也受到了书院学子的欢迎。

嘉靖三十七年（1558）七月，吴国伦自南康府推官离任，返回家乡。临走之时，书院学子纷纷赶来送行，吴国伦作《浔阳别南康彭泽诸生》："九派长江九叠山，白云西送楚臣还。诸生自可同陈蔡，敢谓滔滔世路间。"

另外，吴国伦还有《简贡文学》云："向来被发走庐山，千叠芙蓉次第攀。树杪玉虹争自跃，云深白鹿不知还。谁言傲吏能违俗，赖有新知一解颜。为问昔时龙剑气，冥冥只在斗牛间。"贡安国，字之略，号受轩，安徽宣城人。《宣城事函》记载："贡安国，翰林湖涯公长子，有《启蒙》《规条》二书，开示后学。东廓邹公、南野欧阳公、龙溪王公，皆所往来讲肆者也。……司训江西之湖口、永丰，督学王敬所檄管白鹿洞书院事。每午后登座，焚香一炷，集诸生谈论，大率戒口说而务实行。"[①] 王敬所即王宗沐，江西提学

① 吴国富.新纂白鹿洞书院志［M］.南昌：江西人民出版社，2015，第198—199页。

副使。据此知吴国伦离任之后，王宗沐便聘请贡安国管理白鹿洞书院事务。吴国伦这首《简贡文学》应该就是与贡安国交接书院事务之后所作。

总之，在白鹿洞书院这一年多的时光里，吴国伦获得了心灵上的升华和文学创作上的进步。多年之后，当他再次踏上白鹿洞书院的土地，不禁感慨万千，赋诗抒怀。《重游白鹿洞二首》云：

> 曾从胜地结良因，三十馀年要问津。
> 石室依然云矗矗，溪桥不改石粼粼。
> 诸生侍坐皆新近，五老登堂自故人。
> 苍树碧苔含古色，清游何但远风尘。（其一）
> 何处招寻白鹿仙，千岩万壑泻飞泉。
> 烟霞自昔封丹洞，竹柏春深护讲筵。
> 山意欲留曾住客，地灵应了再来缘。
> 登临尽日浑忘老，拂石仍操白雪弦。（其二）

离开白鹿洞书院之后，吴国伦转任归德知县。任职两年之后，辞官回乡。直到严嵩倒台之后，吴国伦才重新被起用，历任建宁同知、邵武知府、高州知府、贵州提学佥事、河南左参政等。著有《甔甀洞稿》及续稿。

王畿

王门功臣弘道白鹿

　　王畿（1498—1583），字汝中，号龙溪，浙江山阴（今绍兴）人。正德十四年（1519），考中举人。嘉靖二年（1523），王畿会试落榜，返回家乡，受业于王守仁。一年之后，王畿参透王守仁的学说，从此与钱德洪一起协助王守仁指导后学，有"教授师"之称。嘉靖五年（1526），王畿和钱德洪在王守仁的劝说下再次进京赶考。然而，由于当时考试题目对王守仁的学说予以批评，二人没有参加殿试便返回余姚。嘉靖八年（1529），二人结伴赴京殿试，途中听到王守仁去世的消息，即刻赶到广信料理丧事，并为老师服丧三年。直到嘉靖十三年（1534），王畿考中进士，授南京兵部主事，升任南京兵部武选司郎中。不久之后，王畿因为其学术思想被首辅大臣夏言所恶而受黜。罢官后，王畿来往江、浙、闽、越等地讲学，长达四十余年。王畿随和儒雅，博学健谈，所到之处，吸引了众多的听众，年过八十依然讲学不辍。著有《王龙溪先生全集》。

　　嘉靖四十四年（1565）夏，王畿赴江西吉水吊唁罗洪先，后又至安福、永丰等地祭拜邹守益和聂豹的坟墓。罗洪先、

王畿画像

邹守益、聂豹都是王守仁的得意门生，王畿的同门师兄弟，如今先后凋零，令王畿意识到弘扬王门学说的紧迫性，产生了强烈的使命感，他在《与三峰刘子问答》中说："吾人后死者不与出头担当，后将谁赖？"

在返回浙江的时候，王畿途经南康府，拜访时任南康知府的老朋友张纯。张纯（1496—1566），字伯贞，号沧江，浙江永嘉人，嘉靖七年（1528）举人，曾为东乡令，官至南康府知府。在南康府任上，张纯修建了白鹿洞书院启圣祠，祭祀孔子的父亲；参与书院的教学活动；与洞主陈汝简校订增补洞志；向白鹿洞书院捐赠《太师张文忠公奏疏》《张氏族约》《纪遇集》《思问录》《东乡集》《存愚录》《太极图测》《定性书释》等十五部书籍。张纯还亲自书写朱熹《白鹿洞赋》并作跋文，刻于石碑，立在书院中。

见到老朋友拜访，张纯就留他在白鹿洞书院住下，并吩咐洞主陈汝简陪同客人参观书院。王畿参拜了宗儒祠、先贤祠，然后遍览书院中的亭台楼阁，欣赏周边的山水胜景，只觉得空气清新，景色秀美，令人心旷神怡。晚上，王畿与书院学子秉烛而谈，纵谈玄理，听者入神，讲者快意。晚上王畿住在白鹿洞书院，枕边传来溪流潺潺之声，更加激发了他的神思。第二天，王畿离开白鹿洞，到了南康府，下榻于城边的馆舍，白鹿洞书院的诸生也追随而来，晚上又听王畿谈论玄理。王畿记述道："时霖雨初霁，四山飞瀑，势如游龙，余霭浮空，长林滴翠。夜集诸生，纵谈玄理，灏气滋生。卧听溪流汩汩，沁彻心脾，达旦泠然，若有神以启之者。明发出洞，诸生复集城隅别馆，信宿证悟，兴意超然。"① 字里行间，流露出王畿淋漓酣畅的欣喜之情。

临别之际，白鹿洞主陈汝简率诸生张文瑞等人向王畿提出请求，说当年朱熹邀请陆九渊在白鹿洞书院讲学，阐明义利之辨，数百年间传为美谈。今日先生光临书院，可以与历史上陆九渊莅临白鹿洞相提并论。当时陆九渊说"所喻由于所习，所习由于所志"，主要是针对诸生汲汲于科举功名而发；但陆九渊并未详叙正确的学习修养从何着手。希望先生就此做一开导，以阐明精义，嘉惠后学。王畿于是以手代口，书写了一篇《白鹿洞续讲》留给白鹿洞书院的师生，依托陆九渊的白鹿洞讲义阐明自己的心学理论。

在《白鹿洞续讲》中，王畿指出良知是天赋的，自然而有的。论良知的初始，即便是普通的百姓也可以理解并拥有；论良知的极致，则圣人也有所不能尽。关键在于如何"致良知"，那就是坚定志向，时时警醒自己，不失其初心。"不失初心"不是向外去寻求"初心"，而是存乎"一念之微"。正如陆九渊的"义利之辩"，其核心也在于一念之微。什么是"一念之微"呢？比如一个人看见小孩子不小心掉到井里，马上产生恻隐之心，勇敢地施救，这种心理动机就是"义"；如果在救孩子的时候，想到小孩父母要"报恩"的事，想到救人可获得见义勇为的名声，这样就失去了救人的初心，转而成为"利"了。"义也者，天下之公也；利也者，一人之私也。"公与私，是君子、小人的明确分野。志向决定一个人的行为习惯，行为习惯成就一个人的品德，

———————

① 吴国富.新纂白鹿洞书院志［M］.南昌：江西人民出版社，2015，第313页。

如果能把握"一念之微"，则可以从君子进至圣贤；如果不能把握，则可能从小人沦落为禽兽。圣贤与禽兽的差别是如此巨大，但却取决于这一细微的念头，所以学者对此必须慎重。最后，王畿指出，在日常生活中，谁都不愿意做小人，谁都乐意做君子，但人们沉溺于习惯行为，无时无刻不在计算得失，计较利害，所以不知不觉地成了小人。而乐意做君子的人，又因其平日的所思所行，皆不在于义，因而却始终成不了君子。正如陆九渊以义、利区分君子、小人一样，希望学子们不为习惯所陷溺，切实地致良知，安心于仁义，最终成为君子。

除了《白鹿洞续讲》，王畿还为白鹿洞书院师生撰写《致知难易解》，讨论"致良知"的难易问题。王畿说："致知之功，非难非易。袭于其易则忽而无据，狃于所难则阻而鲜入。善学者默体而裁之，求所以自得焉可也。"[①]说它难，其实也不难，因为良知每个人都有。说它易，其实也不易，因为良知需要去体悟认知。如果说致良知是件容易的事，必然有人因为轻视而进不了致知的门槛。如果说致良知是件困难的事情，必然有人因为畏惧困难而放弃进入致知的门槛。因此，善于学习的人"默体而裁之，求所以自得"。

白鹿洞书院碑廊中有一通明代碑刻，碑额题"白鹿书院续讲"，内容主要包含两部分：一是《白洞书院续讲》，一是《致知难易解》，末署"嘉靖乙丑仲夏上浣山阴龙溪王畿书于彭蠡舟中。管理白鹿洞书院事青田梅川陈汝简率洞学门生陈耀等二十三人刻石"。该石碑正是王畿与白鹿洞书院师生论学的历史见证。

王畿还应洞主之请，作《重修白鹿书院记》，文章叙述了分守道冯谦修葺白鹿洞书院的事迹："九江分守少参伯益川冯公，四明儒族，以明进士起家，历宦以至于此。懋学饬法，廉己爱民，尤切切以教化为己任。视洞规之废弛，庙貌圮而典籍散，学田侵而廪饩薄，来学者无所兴起以先细民，

---

① 吴国富 . 新纂白鹿洞书院志［M］. 南昌：江西人民出版社，2015，第 315 页。

惕然动心，谋诸守土及主洞者，以其余力捐廪斥羡，鸠工庀财，举以次第，庙堂墙垣，焕然改饰，经史子集稍以完缮，侵田逋赋渐为清理。砻石表刻象山讲义，以示为学之则，迪士以倡化于民，不惟其具惟其本，可谓知缓急之宜，而不眩于难易之迹者矣。"①王畿称赞冯谦立碑刊刻陆九渊的《白鹿洞书院讲义》是"知缓急"的举措，接着又就陆九渊在白鹿洞书院"发明义利之辨，以决君子小人之所志，一时闻之有泣下者"展开议论："羞恶之本心，所谓耻也，耻之于人大矣，知耻则由君子可至于圣贤，不知耻则由小人将入于禽兽。人而沦于禽兽，独不足哀乎！予因诸生之请，曾以续讲留付洞中，大意则不失本心之良，以究其志之所从来。是将尽以君子望于诸生，而不忍以小人薄待之也。诸生亦曾有闻之而下泣者乎？耻也者，勇之近，而入圣之机也。民知耻则为良民，士知耻则为良士，在上者知耻则为良臣、良相。不耻不若人，何若人有？今日之事，吾人与有耻焉，岂徒一时作兴之迹而已哉！"②论述的主旨与他的《白鹿洞续讲》《致知难易解》是一致的，是想激励诸生知耻而后勇，勇于学习致良知之学，以成就君子之名。

① 吴国富. 新纂白鹿洞书院志［M］. 南昌：江西人民出版社，2015，第 41 页。
② 吴国富. 新纂白鹿洞书院志［M］. 南昌：江西人民出版社，2015，第 41 页。

章潢

制定为学次第

章潢（1527—1608），字本清，号斗津，江西南昌人。嘉靖二十一年（1542）补郡庠生，入府学。虽然章潢学识渊博，行履敦厚，然而终其一生，未能在科举事业上更进一步。自隆庆二年（1568）开始，章潢在南昌东湖旁边构筑此洗堂，每月举行会讲，参与者众多，声名日著。万历二十年（1592），江西提学副使朱廷益聘请章潢担任白鹿洞书院洞主。万历二十二年（1594），章潢参与庐陵青原会讲，与王时槐、邹元标等互相切磋，为学者所推重。万历三十三年（1605），朝廷特授章潢顺天儒学训导。章潢时年七十九岁，因年事已高，不必履任而得领俸禄，以示优崇。万历三十六年（1608），章潢去世，其门人私谥曰"文德"。章潢是江右王学的重要人物，交游甚广，桃李满天下，不仅与东林学派关系密切，而且与利玛窦接触颇深，是中西交流史上的重要人物。《明史》将章潢与吴与弼、邓元锡、刘元卿同称为江右四君子。黄宗羲《明儒学案》卷二十四《江右王门学案》称赞章潢"论止修则近于李见罗，论归寂则近于聂双江，而其最谛当者，无如辨气质之非性，离气质

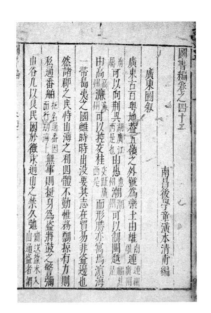

章潢《图书编》书影

又不可觅性，则与蕺山先师之方，若合符节矣。"①

从嘉靖四十一年（1562）开始，直到万历五年（1577），章潢花费十五年的时间编成《图书编》一百二十七卷，其平生精力尽萃于此。《图书编》以天地人三才为序，对经义、天文、地理、人事加以图解说明。第一卷总括全书要旨，第二卷到第十五卷为经义，第十六卷到第二十三卷为天文，第二十四卷到二十八卷为历法，第二十九卷到六十七卷为地理，卷六十八到七十六为身体，卷七十七到卷一百二十五为各种礼制、行政制度，卷一百二十六和卷一百二十七为附录两篇文章《易象类编》《学诗多识》。全书中关于经义的叙述仅占全书十分之一，地理类篇幅最多，这部分内容涉及章潢所见中国乃至世界各地区的行政沿革、地理状况、特产、风土人情、要患的叙述和分析。四库馆臣称此书为明代图谱之学的巨帙，与《三才图会》

① 黄宗羲.明儒学案［M］.北京：中华书局，2008，第 571 页。

相比更具条理和逻辑。

万历十七年（1589），南康知府田琯修葺白鹿洞书院。当时江西提学金事朱廷益到南康府视察学校事务，来到白鹿洞书院，见屋舍俨然，而洞主阙如，遂聘请章潢出任白鹿洞主。朱廷益《谕来学诸生》：“余观风南康，历览鹿洞之胜，凄然有感。以先师庙貌如新，先儒遗教具在，加之近代名公之表章灿然，惟是洞主久虚，诸弟子之肄业中者，徒亦文具，盖师道废而主席诚难其人也。先是将之南康时，曾博求笃志力行可主是洞者，而南昌太守以所荐士章布衣潢对。余为南司功，习闻其名，今得之太守甚详，即往谋之南康太守，具礼币，遣使者，再聘而后许，择以是春二月赴师席。”①张位《白鹿洞重修庙宇记》也记载：“朱先生端方蕴藉，海内名师也，拳拳以兴教造士为念。行部来斯，先檄诲语，迪励诸生，复为讲章，阐明性命、修道、格物之旨，多所独得，诵之者俱有省悟。既命博士卿君领洞教士，又从豫章范府君荐，延请布衣章君来主讲席。取诸郡俊髦士有志者，会聚其中，声应气求，欣然响往。名山胜地，林峦草树，蔚然一时生色焉。”②

万历十八年（1590）春，章潢来到白鹿洞书院讲学，其门人丘曰敬、万尚烈、李应中、黄慎修、夏弘仁、罗曰伸、罗汝达、吴斐文等人相从。白鹿洞学子熊傧、黄希等近百人听教不倦，学风大振。章潢参照朱熹《白鹿洞规》制定《为学次第》八条：

一、学以立志为根源。章潢认为“志”是人的根源，士人若不能立志，就会被富贵、功利、声色等物欲所污染诱惑，终其一生不过是物欲的傀儡。士人若能立志，就会探索人生的真谛，完养自家的性命，从而为天地立心，为往圣继绝学，建立不朽的事业，不愧此生。

二、学以会文辅仁为主意。章潢认为士人“志学”就是“志于仁”，就

---

① 吴国富. 新纂白鹿洞书院志［M］. 南昌：江西人民出版社，2015，第268—269页。
② 吴国富. 新纂白鹿洞书院志［M］. 南昌：江西人民出版社，2015，第46页。

是要学习为人之道，做个顶天立地的好汉。同时，交友的时候要交那些直谅多闻的人做朋友，大家互相帮助，共同以学习圣人为目的，朋友有过错要及时指正，朋友有责备要虚心接受。

三、学以致知格物为入路。章潢认为学习圣贤的入门之路在于格物致知，体认天地间的运行法则，从而使自己的言行举止都能符合天理，不为物欲所蒙蔽。章潢在《为学次第》中强调致知格物的方法，是针对当时妄谈顿悟、不重践行的普遍现象而发，是为了拯救学风。

四、学以戒慎恐惧为持循。章潢认为真正志于学者，必然小心翼翼，夙夜匪懈，时时提醒自己在细微之间分别天理人欲。"信乎能戒惧，则精神敛于隐微独觉之内，惟精惟一，俨然上帝之汝临；无忌惮，则精神逐于耳目见闻之表，愈浮愈荡，且不自觉其灵明之日丧也。"拿读书写作来说，如果没有戒惧警惕之心，精神必然松懈，注意力必然不能集中，背书容易忘词，写作也将词不达意。

五、学以孝悌谨信为实地。章潢认为小孩子就知道孝其亲，敬其长，可知孝是人性之仁而自足者，悌是人性之义而自足者，何其简单而容易。然而随着物欲渐多，孝悌之性渐遭蒙蔽。在日常生活中，为学者要时时提醒自己，以谨信的态度践行孝悌。

六、学以惩忿窒欲、迁善改过为检察。章潢认为人生在世，忿心难除，欲念易动，或气以忿而暴，或情以欲而迷，或以善小而不为，或以过小而不改，细行不矜，恐怕就会像小小蚁穴一样，终将酿成溃堤的惨剧。应当像舜一样舍己从人，乐取诸人以为善，是为迁善；应当像颜回一样"不贰过"，有不善未尝不知，知之未尝复行，是为改过。而后动心忍性，坚志熟仁，一切逆境都不能为之动摇，最终做到变化气质，祛除恶习。

七、学以尽性至命为极则。章潢指出，格致、戒惧、谨信、惩窒、迁改，都是实现尽性至命的步骤。"命即性之于穆不已而一定之不易，性即命之流行至善而生生之不息也。尽之云者，万物一体之量，必欲其充满无亏；

至之云者，一原浑沦之天，务使其几微毕到。"

八、学以稽古穷经为征信。这一则是章潢针对当时空疏的学风而着意强调的。《六经》《四书》，哪个不是圣贤留下来的遗训。然而近代的学者往往不肯认真研读圣贤的典籍，一切师心自用，游谈无根，自称是顿悟顿修，标立宗门。他们不是质疑"皋夔以上何书可读？"就是宣称"六经乃吾心之注脚"，人人得为异说，侮圣言，悖圣道。这些都是应当大力批评的学风。为学者应当稽古穷经，穷经实为明体之证，稽古实为入圣之资。如果不信此言，请回头看看历史，岂有不精通经典的圣贤吗？

万历十九年（1591），南康知府在洞主章潢的建议之下修建贯道桥。白鹿洞书院正前方原本有一座桥，因横跨贯道溪，故而名曰贯道桥。后来这座桥毁于洪水，便没有重建。从此，出入白鹿洞书院走的都是书院东侧的枕流桥。根据古人的观念，书院正前方没有通道，出入书院只能依赖东侧山崖旁的石桥，"桥与门左，门与峰左，非所以襭秀而钟灵也"，不符合古人心目中理想的建筑布局。因此，章潢建议南康知府田琯在书院正前方重建贯道桥。朱廷益《贯道门桥记》："岁己丑，余视学江右，首按南康，则与郡太守田君谋征南昌布衣章潢主洞，偕诸生究极身心之学。太守及其寮采，月必再会，剖析疑义，竟日而还。布衣则数为太守言：鹿洞正门未足应山川风气，遐想紫阳之旧，当不如此。太守然之。一日，随步至棂星门，伫望者久之，见前山蜿蜒，形驯而服，其旁之弯环若弓，其上之横若几，其下之平若砥，而远山三叠，从云间微微起，与我若相主宾焉。太守鞭然谓布衣曰：此间脉承五老，面望三叠，背倚来山之巅，意昔其门于此乎？布衣唯唯。太守于是庀材鸠工，速门之成。迁宗儒祠于东，以与西之讲艺堂并，而门外则伐木为桥，跨桥为亭，仍题其额曰'贯道'，志复古也。……国朝士大夫过化兹土者代不乏贤，顾兵燹之后，所修葺未必尽故址，独太守用布衣言，立复数百年埋没之迹，岂非一大奇事哉。"[①]

    章潢在白鹿洞书院讲学数年，南康知府田琯将其讲义汇集成册，刊刻行世，命名曰《鹿洞语录》。可惜的是，该书尚未见到传本，无法借此领略章潢在白鹿洞书院讲学的风采。

[①] 吴国富. 新纂白鹿洞书院志［M］. 南昌：江西人民出版社，2015，第 150 页。

　　李应升（1593—1626），字仲达，号次见，南直隶江阴（今江苏省江阴市）人。据说在他出生的那天晚上，其父梦见一轮太阳冉冉升空，因此为他取名李应升。

　　李应升自幼聪慧，读书勤奋，少年时代就跟随著名学者吴钟峦学习。连续得中乡试第一名和会试第一名，并于万历四十四年（1616）高中进士，被授予南康府推官。根据明代的规定，推官属正七品，每府设一员，掌管一府的刑狱司法工作，别称司理或司李。李应升在南康府推官任上勤于职守，公正廉明，清理了大量积案，并为一桩陈年冤案平反，使众多无辜者脱离苦海；同时，他不避权贵，将数名罪大恶极者绳之以法，处以极刑。此外，他还撤销湖口税卡，为商业贸易提供便利。李应升兴利除弊，关注民生，赢得百姓爱戴。当时民间流传着一句民谣："前林后李，清和无比。""前林"是指前任南康府推官林学曾，以清慎著称，后官至南京户部侍郎；"后李"说的正是李应升。

　　万历四十二年（1614），南康知府袁懋贞聘请大儒舒曰敬担任白鹿洞书院洞主，一时称盛。可惜的是，仅仅两个月之后，舒曰敬就遭逢丧亲之痛，不得不丁忧回乡。舒曰敬虽然离开了书院，但是袁懋贞还是保留他洞主的身份，并通过邮递的方式让舒曰敬为书院诸生指导读书方法、布置考题、评点作业。而书院教学中的具体事务，则委托李应升代为管理。

一年之后，舒曰敬力辞洞主之职。袁懋贞考虑到白鹿洞洞主长期空缺，必然造成日常会讲、会文等事务缺乏规划和执行，诸生学业涣散，影响教学质量。于是提请江西抚、按两院及提学道，正式礼聘李应升担任白鹿洞书院洞主。袁懋贞《申请主洞文》：“本府推官李应升，高第联承蜩翼，文名久执骅㺊，多士素已倾心，即该厅亦不斩雅意。况今权事已竣，厅务非烦，兼摄无窘于长才，胜事则喜有专主矣。但师道颇尊，非允自上，不称其为隆崇；礼遇当优，非体及其私，恐终沦于苟简。每月除小会外，其两大会，必当亲宿本洞矣。师生茶果，早晚饔飧，驿不能常供，力不能自备。往例，督洞教官二员，亦每年共给银十二两。兹欲访问馈之遗，难同苜蓿之俭，议加一倍，每年支洞租银二十四两，送本厅自备往洞之需。”[①]

李应升接任洞主之后，订立学规，主持会讲，申请增加洞学科举名额，重修书院志，为振兴白鹿洞书院做出许多贡献。

首先是订立学规，整顿学风。其《白鹿洞书院会规》云：“本府造就诸士，三年苦心，延师布席，口语手披，不啻父兄之视弟子也。乃洞主一行，大群遂涣，试事再倦，故业半捐，至今而荒芜极矣！诸士自谓傲首青衿，挂名鹿洞，小敌易勇，河伯自骄，如斯而已乎？否者，此谁之功名，谁之心手？中道自画，悠悠泛泛，以至于此。本厅落落分校，扰扰车途，意虽熟而眼已尘，署虽闲而局有在，偶勤药石之苦，未见瞑眩之功。今本府言念初盟，气衰再鼓，既身作之师，更分委之任。本厅谊无可谢，聊效他山，借弼教以明刑，

---

① 吴国富.新纂白鹿洞书院志［M］.南昌：江西人民出版社，2015，第204页。

杂簿书于帖括，非云执牛耳也，庶几解尸素乎！"① 可见，由于舒曰敬丁忧离开书院的一年时间里，会讲无法实现，会文效果也大打折扣，致使书院教学活动竟有荒芜的迹象。因此李应升不得不整顿学风。

李应升整顿学风的措施主要体现在《白鹿洞书院会规》中，该会规共有六条：

第一，杜绝剽窃抄袭之风。《白鹿洞书院会规》："穿窬之心，士所宜亟去也。诗家论三偷之中，偷语最为钝贼，其次偷意，其次偷势。夫文亦然。一题有一题之文，一人有一人之文，先辈名家已是糠秕刍狗，矧坊刻恶滥，连篇直书，拾残唾以涂眉，认尘羹为旨脔，彼此争剽而互夺，生机埋杀于纸刀，四端俱绝，在穿窬下矣。有犯此者，墨其面，而移之郊。"明代科举考试必须用八股文写作，文章题目出自《四书》，且须以朱熹集注为准绳。自明代开国以来二百多年，举行会试八十余场，各省乡试更多，在这数百场考试中已经把《四书》中的内容考了又考，以至于考官出题时只能出一些根本没有文义的截搭题。因此在明代中后期，市场上流行着各种科考范文的书籍，许多士子通过背诵上百篇范文来应付考试，甚至连《四书》都不仔细阅读。正如古人讽刺的那样："案头放高头讲章，店里买新科利器，读得来肩背高低，口角嘘唏，甘蔗渣儿嚼了又嚼，有何滋味。"鉴于当时愈演愈烈的这种不良风气，李应升在会规中明确表示杜绝剽窃抄袭。凡有违反者，一律逐出书院。

第二，严禁互相攀比，搬弄是非。《白鹿洞书院会规》："狭邪之游，此中绝少；饮博之习，似亦无多。惟是分金块肉，微利所归，动辄鼓唇居间，往来说合。肺肠一秽，荆棘丛生。诸士既有志洞中，其以清心听水观山，沉思默想，泉声松韵，点点文心，白石寒云，头头是道。毋以米盐鸡虿扰清夜之魂，毋以簧舌笔刀张白日之械。其有一语关白，假公说私者，斥出会外，仍纪三等簿，以创其败群。"凡是不把心思放在学习上，不把精力用在

① 吴国富.新纂白鹿洞书院志［M］.南昌：江西人民出版社，2015，第 273 页。

进德修业上，整天为了那一点点生活津贴和测试奖励而争夺扯皮，拉扯关系，托人说情的，一律逐出书院。

第三，强调写作要表达自己独到见解。《白鹿洞书院会规》："心灵各具，妙在苦思。宁使语生，毋令气腐；宁使曳白，毋取苟完。果能精心独造一篇，亦胜数篇。至于土音讹字，务清洗一番。每见此中之文，至致、而如、仅近，往往错写，之乎、者也、耶哉，动多误用；然岂、抑乃、夫盖，率是倒行，斯为文理不通，何暇高谈妙旨。今后各自留心，勿传笑柄。"李应升要求写文章既不能空洞无物，又要切合事理、事情，不作虚假浮华之语。强调文章要有生气，有自己的才情、思辨注入。同时，李应升也非常重视基本功，要求书院学子多写多练，一定要改掉文理不通、错字连篇、土音夹杂等毛病。

第四，强调"德艺兼修"的招生标准。《白鹿洞书院会规》："教虽无类，博则不专。夫郡县各有宫墙，何地不为造士，所以育之鹿洞者，正为拔其英异，加以甄陶，原非泛示包罗，集污薮泽。且本厅职在刑名，势难以全副精神，尽归校阅。今会中诸士，业有成额。此外有愿裹粮洞中者，两试皆优，亦与收录。若不系久居，随声附和者，概不收入。其远方好学，千里而来者，又当别论。"李应升表示每个郡县皆有学校，皆可以培养人才，如果白鹿洞与郡县学校没有差异，则没有存在的必要。之所以要兴办白鹿洞书院，正在于选拔精英，加以培养，因此也就必然对入洞生员进行选拔，淘汰冗滥生员。

第五，制定会文的具体细则。《白鹿洞书院会规》："文无高下，几行即佳，妙旨难言，多作自遇。今一月止初二、十六两会，抒写几何。窃恐常业多荒，文心易断。因立小会，以二、六为期，即以大会一二名轮为会长、副，执笔评次。转送本厅覆阅。若会长、副徇情阿谀者，罚。诸生气骄心昧，以涂抹后言者，斥。"李应升认为每月会文两次，频率太低，教学效果差，于是在会文的基础上，设立小会，由"大会"选拔出的第一、二名学生主持，进行评阅，选送洞主审阅。

第六，强调爱护书院公共财产。《白鹿洞书院会规》："洞中一椽一木，俱关先贤遗泽。昔郭有道夜宿逆旅，明旦必洒扫而去。古人用心如此，诸生习业斯洞，务扫泉亭之落叶，远书舍之爨烟，倘有秽污，山灵厌汝。"[①] 针对当时偏重私德修养而忽视公德的陋习，李应升明确表示书院学子要爱护书院的一草一木、一砖一瓦，要主动打扫公共区域卫生。同时要避免在书舍生火做饭，以免发生意外。

其次是主持会讲，作育人材。李应升每月按时来到书院，主持会讲。《东林列传》卷四记载："应升律己清严，公庭如水。出其绪余，陶铸多士。紫阳白鹿洞书院久废，应升为兴复之，立馆舍，招集人士，旬有小会，月有大会。会期亲诣洞宿，与诸生质疑问难，推明紫阳之教。一时从游学者千里应之。其成名于世者指不胜屈。"[②] 李应升在会讲中不仅讲解理学的要义，解答书院学子的疑问，更是金针度人，传授写作的法门。

李应升特别强调"清心"的作用。熊德扬《李公去思碑记》记载李应升"品骘文艺，则以清心为第一义。曰：心不清故出之浮秽"。并阐释说："夫心性其根，文其华，功业其实学。人心地澄清，无所濡染，即虞书之道心、丹书之敬义明德也。夜气也，先儒之所谓无欲也，皆清心之旨也。文章则真文章，事业则真事业。士图进取时，其包孕未可知也。侯以清心一语入而镇之，借王临川之文规而竖朱紫阳之赤帜，于以续孔孟而措唐虞，易易耳。"[③] 李应升《白鹿文茸序》也说："向固与诸士约，各以清心，听水观山，毋以秽肠，窃羹拾唾。此亦学道之根，而立名之坻也。"李应升认为只有清心才能寡欲，只有寡欲才能放下名利负担，舍弃小我之心从而感悟天理，写好文章。简而言之，在内以"清心"培养德行，在外以"清心"充盈文章，实现修养与文章的统一。

---

① 以上六条俱载吴国富．新纂白鹿洞书院志［M］．南昌：江西人民出版社，2015，第273—274页。
② 陈昇．东林列传［M］．康熙刻本。
③ 孙家骅，李科友．白鹿洞书院碑刻摩崖选集［M］．北京：北京燕山出版社，1994，第60—61页。

再次，增加科举名额。为了鼓励书院学子潜心读书，李应升还为白鹿洞书院争取科举考试的名额。他在《申议洞学科举详文》中提到，白鹿洞书院原有科举名额两个，后来增至五个。但他查到吉安白鹭洲书院拥有四十二个乡试名额，相比之下，白鹿洞书院的科举名额实在太少，极不公平，因此要求将名额增至十名。这一申请最终得到准许。

最后，编纂方志，保存文献。李应升管理白鹿洞书院之后，着意收集书院文献，编纂《白鹿书院志》十七卷。书前有李应升序及陆梦龙序、夏炜序。李应升自序称"余窃惟书院之重也，道也，而文章山水乘权而迭旺。夫山水以渊静开心，文章以芳华泽性，学道之人不作殊观，试涵泳斯编，反观自得。……夫教与时移，学随资化，入山思静，友鹿成群，将以医俗息争，则斯编也，岂非学道之津梁哉"！可见李应升编纂《白鹿书院志》的目的不仅是记录书院发展历程，更重要的是传承道统。陆梦龙序也称赞"李君仲达修《白鹿书院志》，芟剔烦秽，而特扬明教一条以警多士，用意远矣。"

李应升担任白鹿洞书院洞主期间，造就了很多人才。如余忠宸，江西都昌人，崇祯十年（1637）进士，曾任广平府推官、礼部主事、员外郎，书法有名于世。但宗皋，江西星子人，天启五年（1625）中举，曾任浙江开化知县。入清之后，闭门著述，著有《庐山问》《庐山诗纪》《庐山文纪》等。熊维典，江西建昌（今江西省永修县）人，崇祯四年（1631）进士，官至兵科给事中，后任白鹿洞书院主讲。凡此种种，恕不一一。清代文德翼作《文会堂碑记》云："至有明李献吉督道于前，李忠节司理于后，皆加意于白鹿甚厚，他莅兹土，具文而已。"明朝关注过白鹿洞的地方官员众多，但文德翼只列举李梦阳、李应升的业绩，足可见二人的人格魅力影响深远。

天启三年（1623），李应升因政绩卓著升任监察御史。在朝廷任职期间，李应升刚直不阿，因上书弹劾奸宦魏忠贤而受到阉党的诬陷报复，于天启六年（1626）三月被东厂逮捕。同年六月，被害狱中。前后死难者高攀龙、周顺昌、周起元、缪昌期、李应升、周宗建、黄尊素等七人，都是东林学派的杰出人才，时称东林七君子。崇祯初年，阉党魏忠贤等倒台，李应升得到平反，追赠太仆寺卿，谥忠毅。此后，白鹿洞书院将李应升崇祀于报功祠中，受到后世的景仰。

明清易代之际，江西作为双方争夺的焦点，经历了多次战火，致使许多地方屋舍被毁，民生凋敝，文风衰颓。

顺治九年（1652），蔡士英出任江西巡抚，政务倥偬之际，颇能留心文教事业，全面兴复白鹿洞书院。蔡士英（1605—1674），字伯彦，号魁吾，出生于辽宁宁远。生性聪颖，机敏过人。自幼随父学习儒家经典，文章出众。长大后投笔从戎，因作战英勇，办事勤敏，很快便升至守备。明崇祯十五年（1642），清军攻占锦州，蔡士英随总兵祖大寿降清，授世职牛录章京。顺治元年（1644），任佐领，兼理参领。随部征战山东、山西等地。顺治二年（1645），随阿济格出征陕西，立有战功。又随贝勒博洛征浙江，平定福建，屡立战功。顺治六年（1649），任正白旗汉军副都统，因功又授兵部右侍郎、兵部尚书。顺治九年（1652）四月，授江西巡抚。

在江西巡抚任上，蔡士英不仅平定战乱，维护治安，减免赋税，鼓励垦田，使社会恢复正常状态，而且崇尚文治，推崇文教，发展文化。在南昌，蔡士英重建滕王阁，宏伟壮丽，极一时之胜。并广征诗文，搜罗历代歌咏滕王阁的诗文四百六十余篇，编纂为《滕王阁集》。除了重修滕王阁，蔡士英另外一项重大文化工程就是重兴白鹿洞书院。

为了重兴白鹿洞书院，蔡士英做了大量前期工作，包括阅读书院方志，咨询当地官员，征求各方建议。其中李长春《兴复洞学看语》对蔡士英的帮助最大。李长春曾于顺治三年（1646）出任南康知府，其间就有意兴复白鹿洞书院，并有所思考和规划，可惜无缘实施。当遇到这次机会时，升任江西按察使的李长春也是喜出望外，遂披肝沥胆，陈述四项建议：一是"刊定租息"。李长春认为经费充足是书院办学最重要的基础。白鹿洞书院现有学田三千余亩，每年获得经费仅三百六十两，实属太低。建议按照田地好坏情况，分三等收租，上等田每亩三钱，中等田每亩二钱五分，下等田每亩二钱，如此则田租不至于繁重而书院经费得到增加。同时要严查经办人员的侵蚀、劣绅豪强的侵占。开源节流，齐抓并举，就能保障书院经费充足。李长春特意强调"此兴学之第一义，所当急为改正者也"。二是"礼请名贤"。李长春认为好的老师能够使书院建立良好的学风，对于书院办学至关重要，因此一定要礼请名师任教。其标准则是"先之以人品，继之以道学，又继之以文章，期于言行可仪，模范无忝"。三是"尊崇圣学"。李长春强调说："此洞之所以擅名宇内，原以阐道明理为宗，不以寻章摘句为业。今既不能尽复古意，亦当不失原来。"① 白鹿洞书院的教育宗旨是传承儒家道统，弘扬儒家学说，提高自身道德修养，进而教化乡里乃至治国平天下。这是教育的根本所在，也是白鹿洞书院作为天下书院之首的根基。因此李长春建议白鹿洞书院的教学要做到立德树人，而不是单纯地讲授考试技巧。四是"约定学规"。李长春建议对白鹿洞书院教学活动中的各项事务都要予以约定，做到有规可依，有规必依，才能保障书院不断发展。李长春的四项建议受

① 吴国富．新纂白鹿洞书院志［M］．南昌：江西人民出版社，2015，第59页。

到蔡士英的高度重视，并在白鹿洞书院的建设过程中全部落实。

有了李长春等人的大力支持，蔡士英有条不紊地开展白鹿洞书院建设工作。

首先，维修书院建筑。对于书院内的各个建筑予以加固维护，重新粉刷。蔡士英《初行白鹿洞告示》中要求："将白鹿洞书院扫除洁净，内外肃清，仍委附近居民常来看管，不许容留闲杂人等在内混扰。其圮毁倾败者，量行修葺。"①

其次，清理书院学田。一是清查书院原有学田，根据李长春的建议，按照田地肥瘠情况，将学田分为上中下三等收取田租，每年额定租银七百二十两。蔡士英又购买田地六百一十九亩作为学田，每年纳租银二百一十两。两项合并，白鹿洞书院学田每年可得到白银九百三十八两的办学经费。蔡士英又制定制度，保障此项经费不被侵占贪墨：（一）由南康府推官负责收纳租银，保证学田租银按时全额征收。（二）严选督洞儒官，选择才品兼善者担任，负责每月支领、分发各项经费。（三）建立经费簿册制度，按时将经费使用清册一式四份，分别报送给白鹿洞书院、南康知府、江西巡抚、蔡士英本人，以备查核。蔡士英在《重修白鹿书院记》中，对此进行了详细的说明，其目的就是要以正式行文的方式将上述规定记录下来，以垂永久。

再次，制定《示定洞规》。《示定洞规》对于书院各项经费的使用作出了明确的规定。白鹿洞书院学田每年除交纳国家赋税之外，收入洞租银九百三十八两，其中每年定额支出七百八十六两，剩余的一百五十二两贮存起来，作为日后书院大修的费用。在定额支出的七百八十六两中，分为人员经费（包括主洞、副讲、督洞儒官、住洞生员等）、祭祀经费、印刷经费、接待经费、日常维修经费、学术活动经费等等，每个支出项目皆标注明细。例如：

① 吴国富.新纂白鹿洞书院志［M］.南昌：江西人民出版社，2015，第275页。

主洞公费每月支银九两，一年共银一百零八两。

副讲一位，每月支银四两五钱，一年共支银五十四两。

每月会课诸生，约计六十名，供给六两，一年共支银七十二两。

实住洞生员十名，每名每年给银七两二钱，共银七十二两。

每月二大会，一等十五名，每名赏银三钱；二等约取三十名，每名赏银一钱五分。每月两会共银一十八两，一年共银二百一十六两。

公费银一百两，以备贤士大夫、远方游士往来供应，每年终呈报细数开销。

修理银三十两。

每月约刊会文十篇，共费银三两，每年共银三十六两。外刷印纸张银十两。二项共费银四十六两。

督洞儒官一员，每年支公费银一十四两。

会文小饭，每会约费银一两，每月两会，一年共银二十四两。

本洞并颜鲁公祠春秋二祭，银五十两。[①]

由此可见，蔡士英对于书院的每项开支都作了规划和预算，细致入微，面面俱到，就是为了最大限度地发挥学田经费的作用，保障书院办学活动的正常开展。

最后，聘请名师。在书院的各项工作安排妥当之后，蔡士英会同南康府地方官员聘请熊维典担任白鹿洞书院洞主。熊维典，字约生，江西建昌（今江西省永修县）人。崇祯四年（1631）进士，官至兵科给事中。明亡后归乡，热心教育，时时训导后辈学子，暇日以诗文自娱。居家时"载酒问奇字者日盈门，皆为详据指示。论文以理立干，以气充体，所作成后进甚夥。凡游踪所涉名胜，辄文记诗吟，得其一字若千金"。[②] 为了礼请熊维典出任洞主，

---

① 吴国富.新纂白鹿洞书院志［M］.南昌：江西人民出版社，2015，第275—276页。
② 盛元.南康府志［M］.南昌：江西高校出版社，2016，第386—387页。

巡抚蔡士英、按察使李长春、提学杨兆鲁等人多次致函，反复恳请，熊维典终于答应执掌白鹿洞书院。熊维典撰有《少司马大中丞蔡公重兴白鹿书院记》，不仅记述了蔡士英等人重兴白鹿洞书院的功绩，更重要的是阐释了自己的教育宗旨："使但以记诵词章之学为诸生资进取，则何待乎白鹿之兴，而公为此皇皇乎？又使诸生之奉教于公也，必黜记诵，削词章，绝进取而后可，则上悬此为令久矣，名儒钜公尝于此出焉，岂科举之为病乎？惟士怀苟得之心，幸一日之捷，则虽由此道，而非所以设科取士之意。词章陋矣，甚者乃为雷同剽窃之词；记诵陋矣，甚者乃记近科中选之作，于是袭陋转下，而陷溺弥深。自以谓工于规，得丧而不知，其为谋之非审，则何待乎有世道之责者闵然忧之而后救之乎。夫士诚自忧之而自救之，则不必病科举也。"①熊维典认为真正把经典读熟读透，并在日常生活中贯彻运用，必然行履坚定，见识不凡，那么文如其人，写文章的时候自然能写出好文章，这也是科举取士的初衷所在。如果读书不是为了提高自身修养，增加见识，锻炼能力，而单纯为了考取功名，必然会投机取巧，甚至抄袭剽窃，使个人变成见利忘义、毫无廉耻之辈。总体说来，熊维典的教育宗旨符合蔡士英、李长春对白鹿洞书院的期待，难怪当初再三敦请，礼遇有加呢。

　　顺治十二年（1655），蔡士英升任漕运总督，驻节于江苏淮安。虽然离开了江西，蔡士英对于白鹿洞书院依然念念不忘，他多次致函南康府推官范礽、朱雅淳等人，过问书院事务，并恳请诸人"力任主持，勿令不佞经营之苦心徒付逝波，即此铭心不朽"。②

　　顺治十八年（1661），蔡士英因病致仕，回北京调养。康熙十三年（1674），蔡士英逝世，谥号襄敏。清代中后期，蔡士英被崇祀于白鹿洞书院报功祠中，受到后人景仰。

① 孙家骅，李科友. 白鹿洞书院碑刻摩崖选集［M］. 北京：北京燕山出版社，1994，第9—10页。

② 吴国富. 新纂白鹿洞书院志［M］. 南昌：江西人民出版社，2015，第60页。

蔡士英：起起武夫振兴文教

廖文英，字百子，号昆湖，广东连州人。博才多学，能文善诗，有声于时。后由选贡入仕，于崇祯十三年（1640）出任南康府推官。恰值南康府遭遇天灾，颗粒无收，百姓忍饥挨饿，不遑宁居，廖文英想方设法筹借粮食，赈济灾民，使数万人免于被饿死的命运。鄱阳湖中有礁石，往来船只多有触礁损毁者，甚至船覆人亡，为害很大，廖文英令人铸造铁柱，高一丈四尺，竖立在礁石上，为行船提供导引。当时有强盗肃七、肃十等聚啸山林，打家劫舍，危害乡里，廖文英遂率领官兵进行围剿，恩威并施，剿抚参用，最终解决了这伙儿强盗，使百姓能够安居乐业。像这样的政绩还有很多，就不再一一列举了。

早在崇祯十一年（1638），江西提学副使侯峒视察白鹿洞书院，见书院教学活动有所懈怠，就决心选拔得力人士进行管理。等到廖文英出任南康府推官之后，侯峒便令廖文英兼管白鹿洞书院事务。据说白鹿洞书院内有两株朱熹手植的丹桂树，历经数百年的岁月，枯萎殆尽，而自从廖文英兼管书院事务之后，竟然枯木生新，长出绿油油的叶丛，

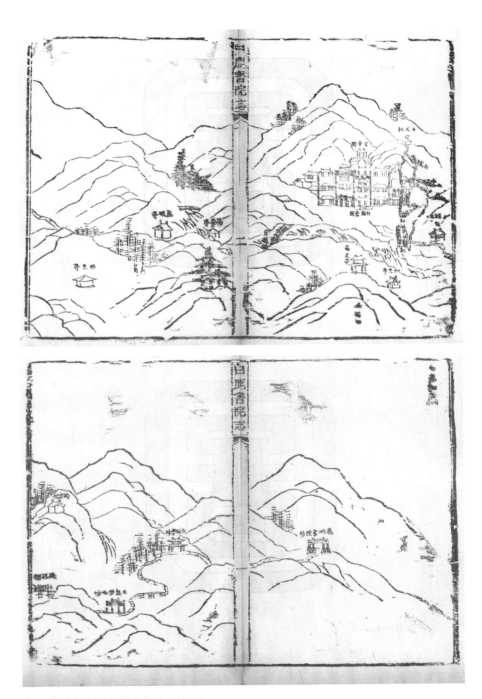

廖文英《白鹿洞书院志》内页书影

绽放金灿灿的桂花，出现了"枯桂载荣"的奇异征兆。

在管理白鹿洞书院事务上，廖文英格外用心。一方面，他深知学田经费对于维护白鹿洞书院发展的重要性，亲自勘察学田，收取田租，亲力亲为，只求为书院筹措尽可能多的办学经费。另一方面，每逢政务之暇，他必定前往书院巡视，不避寒暑。在教学上，他能够做到答疑解难，循循善诱，刊落浮华，独标性理，选拔了众多有才学的士子，并在乡试中取得很好的成绩。

崇祯十六年（1643），廖文英因政绩突出而被提拔。离任之际，白鹿洞书院学子公请乡贤余忠宸撰写《主洞廖侯去思碑》，称颂廖文英"丰功浚泽，当与五老不朽"。[①]

正所谓无巧不成书。清康熙七年（1668），廖文英出任南康知府。在离开白鹿洞书院二十五年之后，廖文英再一次踏上这片山水绝胜之地。

在南康知府任上，廖文英"置田清租，增号舍，缮墙垣，宿洞课士，兴废举坠"，为白鹿洞书院的发展与光大倾尽心力。其最主要的贡献包括：

第一，制定《白鹿洞书院新规》。顺治十年（1653）前后，江西巡抚蔡士英兴复白鹿洞书院，制定《示定洞规》，对书院经费收入及各项支出情况作出了明确的规定，保障了书院教学活动的正常开展。随着时间的推移，《示定洞规》中的有些项目与实际情况发生了较大的变化，难以遵行。廖文英鉴于当时书院学田租银偏重，致使"租重佃困，人逃田荒，则洞事废弛"的现状，奏请减租，以维持长久发展。最终结果是规定每亩租银定为二钱，比顺治十二年（1655）蔡士英规定的租银总数减少了二分之一左右。如此一来，相比于蔡士英《示定洞规》中列明的"七百八十六两相应派定支销款目"，在书院经费收入大为减少的情况下，显然入不敷出。因此，廖文英斟酌损益，制定《新规》：

---

① 孙家骅，李科友.白鹿洞书院碑刻摩崖选集［M］.北京：北京燕山出版社，1994，第63页。

（一）"修理：庙庑祠舍门墙桌凳什物等项，每三年修补一次，约支银七十五两，岁额动支二十五两。"此项较原来规定减少五两。（二）"春秋二祭：孔圣、先贤、先儒、庐岳、关帝、诸葛、颜鲁公等祠，每祭动支二十两，岁额祭祀银四十两。"此项较原来规定减少十两。（三）"考课甄别：今每月止会文一次，支供饩银二两。一等赏银三钱，二等赏银二钱，又二等赏银一钱五分，三等免赏。岁额四季支银一百四十四两。"此项改动较大，比原来规定减少一百余两。（四）"副讲，月有讲期，会有批阅，岁支朱墨轿伞供饩银三十两。"此项较原来规定减少二十四两。（五）"刊刻文字。每年汇刊一卷，附于天下宗师考卷后，以公海内，其刻资纸账照例支银四十六两。如无名世真文，即不必枉灾梨枣，以耗物力，此银留候修志之用。"此项经费数额未作变动。（六）廖文英以南康知府兼理白鹿洞书院，洞主每年一百零八两的经费遂不予动支，"留为学道考试、谒圣、讲学之用"。其接待费用，由"星子县于洞租内将五十五两六钱一分零支"。（七）廖文英认为远方来学宜加优待一条不妥，应当"既入书院，一体作养"，取消其优待条件，与本府生员一视同仁，"凡入洞肄业诸生，每月支米三斗"。[①]

总之，廖文英根据书院实际情况，重新制定书院经费支出细则，并报请江西学政、江西巡抚批准，保障白鹿洞书院教学活动的正常进行。

第二，编纂《白鹿书院志》。廖文英鉴于李应升《白鹿书院志》编成于天启二年（1622），迄今已经五十年矣。这五十年来，明朝覆灭，清朝崛起，发生了许多重大的事件，而原志书多所阙遗，非常有必要重修书院志，为书院今后发展提供参考和借鉴。廖文英《白鹿书院志》编成于康熙十二年（1673），共分十六卷：卷首为廖文英序、白鹿形胜图、书院布局图、凡例、目录；卷一、形胜；卷二、沿革；卷三、沿革（朱子兴复书院始末）；卷四、沿革（明兴复书院始末）；卷五、沿革（国朝兴复书院始末）；卷六、先献；

---

① 吴国富.新纂白鹿洞书院志［M］.南昌：江西人民出版社，2015，第276—277页。

卷七、明教（洞规）；卷八、明教（策问、讲义、说、答问）；卷九、明教（戒、谕、公移）；卷十、文翰（记）；卷十一、文翰（记）；卷十二、文翰（记、序）；卷十三、文翰（告文、辞、启、铭、书）；卷十四、文翰（诗、赋）；卷十五、祀典（藏书）；卷十六、田赋。

廖文英新编《白鹿书院志》在结构上对李应升旧志进行了调整，尤其是历史沿革的资料更加集中，各种洞规、讲义等文献分类更加明晰。在内容上，补充了50年来与书院有关的人物、事件、碑记诗文，保留了大量历史文献。廖文英《白鹿书院志》是研究白鹿洞书院历史不可或缺的重要文献，具有极高的价值。

第三，礼聘书院主讲。廖文英曾先后聘请吴一圣、张自烈担任白鹿洞书院主讲。

吴一圣，字敬跻，南康星子（今江西省庐山市）人。崇祯十二年（1639）举人，明亡后隐居髻山。毛德琦《白鹿书院志》卷五："吴一圣，字敬跻，星子举人。隐居四十年，知府廖文英聘主洞事。"[1]

张自烈（1597—1673），字尔公，号芑山，江西宜春人。早年跅荡不羁，嫉恶如仇，游历甚广，是复社的重要人物。因著文声讨权臣阮大铖而名震天下，与吴应箕、黄宗羲、冒襄、方以智、吴伟业、侯方域等交游，都是享有一代盛名之士。张自烈博才多学，却科场失意，因而专心著述，明亡之后更是以著书讲学为余年唯一事业，著有《四书大全辨》《古今理学精义》《四朝大事记》《芑山集》等。

早在明朝崇祯年间，名闻天下的张自烈就被聘请担任白鹿洞书院洞主。然而张自烈认为时机并不适宜，于是辞而不就。不过，他对白鹿洞书院还是充满期待，他在《复宋未有》中说："鹿洞兴复在即，此时专以葺祠宇讲堂为急，察覆洞租次之，诸亭榭皆可缓。疏请敕额虽不容已，然南中诸老

① 李梦阳.白鹿洞书院古志五种［M］.南昌：江西人民出版社，1995，第1150页。

嗜进尸位，罕留心理学。姜先生斯道己任，适遭谤，求免雉不遑。按台疏到南，不能无龃龉。莫若俟洞务俱举，人文蔚兴，徐图之，尤易为力。况鹿洞之兴废，不在敕额之有无，而在圣学之明晦。目前宜整比遗集，召集学徒，先其远且大者。额仍'庐山国学'，或举淳熙中原额新之。一以见周朱流风未坠，一以见吾党修举有人。正类寰昌，邪说自熄，庶当事知所观感。朝廷次第表彰，当不在南唐升元下。苟实务阙略，虚声先播，无以间执谗慝之口，蠹不止江陵也。"① 书信中为白鹿洞书院献计献策，条理清晰，言辞诚恳，且具有前瞻性和可操作性，诚为良言。同时，张自烈又作《与鹿洞诸子论理学书》，回溯理学发展的历程，揭示理学精义，并指陈其中存在的弊病，期待白鹿洞书院诸人"以读书穷理、正心术、务躬行为急，徐而措诸彝伦、政事、节义之间"，将理学之精神倡明于天下后世。

清朝建立之后，张自烈隐居不仕，杜门著述。康熙十年（1671），廖文英以老朋友的身份迎请张自烈到庐山休养，寓居白鹿洞书院，为诸生讲学。康熙十二年（1673），张自烈因病去世，遗言葬于白鹿洞书院。廖文英遂将其埋葬在书院左翼山上，并赋诗志哀："先生生不偶，八十老全人。讨古枯心血，逃名扫客尘。莫容知道大，守正复天真。留骨匡庐麓，陶潜前后身。"

廖文英在南康府任职七年，因年老于康熙十三年（1674）致仕归乡，安度晚年。清代中后期，廖文英被崇祀于白鹿洞书院报功祠中，受到后人景仰。

---

① 张自烈.芑山文集［M］.民国刊本。

汤来贺

耄耋老人的治学心得

汤来贺（1607—1688），字佐平，后字念平，号惕庵，世称南斗先生，江西南丰人。崇祯十三年（1640）进士，授扬州府推官，廉洁奉公，勤政爱民。遭遇灾年，推行荒政，赈济灾民，全活无算。顶着巨大的压力，平反冤狱，拯救无辜者二百余人。因政绩突出，受到史可法的器重，称赞其"立品以千秋自命，立志以圣贤为法，天下治行第一也"。后历任礼部主事、广东海道、广东按察司佥事、广东左布政使等，抚平海盗，安靖地方。崇祯十七年（1644），李自成攻入京师，崇祯皇帝自缢而死，明朝灭亡。福王朱由崧在南京称帝，改年号弘光，史称南明。次年，清军攻破南京，俘获逃亡的弘光帝朱由崧并处斩。为图恢复大计，汤来贺与众臣推举唐王在福州登基，改元隆武。汤来贺从广东调拨白银十万两运抵福州，支撑着隆武帝的政权，功劳甚巨，授户部侍郎。隆武二年（1646），汤来贺改任兵部侍郎兼广东巡抚，训练军队，驻守南韶。当年，清军攻破汀洲，隆武帝被杀。桂王朱由榔在广东肇庆称帝，改元永历，召汤来贺前往梧州任职。汤来贺见南明内斗不已，诸王相残，大臣相猜，难成大事，遂拒绝永历帝之诏，返回故乡，弃官隐居。清朝政府屡次征辟，汤来贺坚卧不起，以读书著述自娱。他将自己的字从佐平改为念平，盼望天下太平。

康熙二十四年（1685），江西巡抚安世鼎聘请汤来贺担任白鹿洞书院主讲，被汤来贺拒绝。安世鼎深知汤来贺坚守名节，不仕清廷，于是劝说汤来贺到白鹿洞书院是入山而非出山，要为天下培育读书种子，传承道统，最终说动汤来贺。

汤来贺平生提倡躬行二字，教人发明程朱理学之旨。在教学过程中以身作则，循循善诱，得到众多学子的崇敬，前来问学者络绎不绝。他又选拔蔡值、干特担任堂长，陈彦、李瑞担任学长，皆是饱学之士，起到表率作用，可谓是知人善任。

汤来贺依据自己平生所学，总结出七条原则，称之为《白鹿洞学规》：

一、专心立品。

汤来贺认为君子和小人的分别，就是邪与正、义与利的分别而已。世人不入于正就会入于邪，不喻于义就会喻于利。人性本善，但每个人天生秉性有所不同，后天学习环境也不一样。有的人天生就具有君子的品格，有的人努力学习使自己成为君子，其最终结果是一致的。有的人有意成为小人，有的人则无意而流入于小人，因此不可不自省。至于想要成为君子而不知努力，又不敢沦为小人，蹉跎岁月，只不过是碌碌庸人。而那些看上去似乎是君子，所作所为实为小人的，就是大奸大恶之徒。做小人必然违法乱纪，声名狼藉，使子孙后代都无脸抬头；不如做君子内心坦荡，流芳千古。因此，各位学子不要自欺欺人，要立志成为君子。

二、潜心读书。

书籍众多，应当以四书五经为基础，打下坚实的根基，然后博览群书，开拓视野，增长见识。读书务必专一，每年读一本书或每月读一本书，一本书没有读完就不去读其他书。读书的时候要从头读到尾，不要遗漏，不要

跳跃。读书还要能够实践，要设身处地去体会，以求迁善改过，这是力行的首务。世俗之人读书，不过是为了应付考试，根本没有认真思考，切身体悟，纵然考试过关，也不知书籍中的内容究竟是什么，又怎能指望他们推陈出新，造福社会呢。因此，各位学子要潜心读书，并且学以致用，才能真正成才。

三、澄心烛理。

学习要学会积累，由少到多，由约到博。学习更要学会总结，由博到约。凡是研读古人之书，必要选取书中最精微的道理，汇集在一起；凡是阅读古人事迹，必要选取书中最值得效仿的行为，汇集在一起。同样的道理，古人所论述的不能没有差别；同样的事迹，古人所处理的不能完全一样。仔细体会这些相同和不同之处，就是格物的工夫。"窃谓书犹镜也，我有善念，或踌躇未决，读古人书而奋然兴矣；我有过失，或弗能察，读古人书而惶然自愧矣。"[①] 书就像是镜子一样，能照出自身行为的善恶优劣。平日读书的时候能够时时观察自身的情况，了解古人修身处世的原则，在遇到问题的时候就能够应对自如。

四、虚心求益。

古人曾说："博学之，审问之。"学海无涯，不集众思，无以广益，因此不仅要博览群书，还要善于向他人请教。可以向师长请教，可以向朋友请教，也可以向晚辈请教。孔子就曾向七岁小孩儿项橐虚心请教，遑论他人。因此，各位学子应当互相勉以道义，相互成就，不得当面称赞而背后诋毁。如果看到对方有过错，要及时提醒告诫，不得自恃清高，不得护短。

五、实心任事。

禹、稷在太平盛世的时候，就考虑如何防范饥荒之年；颜回身在陋巷，却向孔子学习治国安邦的学问。范仲淹还是秀才的时候，就能以天下为己任。胡瑗担任苏、湖二州教授时，设经义斋，又设治事斋，让每人按照其爱好选择各治一事，或兼一事，如治民、治兵、屯田、水利、催科、算数等等，平日学习中分成小组，相互讨论研习。毕业之后到各地任职，都作出了一番成就，其关键就在于平日训练有素。因此，各位学子也要根据自身条件，除了学习四书五经等，还要选择一门专业技能进行深入学习，准备日后发挥更大的作用，造福社会。

六、平心论人。

律己不可不严，论人不可不宽，如果对别人求全责备，那么世界上就没有几个好人了。因此，各位学子看到同学有过错，只可当面提出，不能背地议论。当面指出错误，也需要平心静气，平等对待，语气和缓，态度诚恳，动之以情，晓之以理。不要吹毛求疵，而有伤厚道。不要直言无忌，而引起纷争。对于同学的嘉言懿行，要及时赞扬，并大加鼓舞。正所谓善

---

① 　吴国富. 新纂白鹿洞书院志［M］. 南昌：江西人民出版社，2015，第 282 页。

善长，而恶恶短，这就是隐恶扬善的本意。推而论之，对于古人也应当如此，不要吹毛求疵，不要求全责备，因为我们无法完全了解古人当时的社会环境和即时语境。虽然批评古人很容易，但是设身处地，面对真实境况，今人未必能做到古人那样。因此，各位学子要记得"有一言而可以终身行之者，其恕乎"。

七、公心共学。

各位学子应当体会万物一体的道理，大公无私，视人之能，犹己之能。正如孟子所说："君子莫大乎与人为善。"王阳明也曾说："仆之意以为己有分寸之知，即欲同此知于人；己有分寸之觉，即欲同此觉于人。譬如冻馁者知耕桑可足衣食，偶闻树艺之法，将试为之，即欲传于人，皆不致于冻馁而后快心，何嫌自己未曾树艺，而遂不以告人乎？"像这样正大之情，至公无私，是真能乐善的。乐人之善，即我善矣。朋友讲习之道，固当如此。因此，在今日能够与人为善，日后必定能推贤让能，这是多么大的德行啊。

以上七条原则立意高远，论述明晰，谆谆教诲，语重心长，是汤来贺数十年来读书治学的经验总结，也是针对社会普遍现象提出的解决之道，是对朱熹《白鹿洞书院学规》的继承和发展，是白鹿洞书院重要的文化资料。

在汤来贺担任白鹿洞书院主讲期间，众多文化名士来到书院，与之交流。如清代大诗人王士祯于康熙二十四年（1685）到白鹿洞书院，拜谒汤来贺。王士祯（1634—1711），字贻上，号阮亭，别号渔洋山人，山东新城人，官至刑部尚书。清代著名诗人，康熙朝文坛盟主。他有《初入五老峰谒白鹿洞呈汤佐平先生》诗："忽忽远城市，浩浩临沧洲。良辰惬奇赏，始遂庐山游。威纡屡转壑，窈窕时经丘。潺潺风瀑泻，苍苍石川流。骑牛缅往迹，眠鹿钦前修。风景宛犹昔，年运倏已遒。惟有五老峰，屹立忘春秋。紫芝惊汉帝，黄石招留侯。泉石不我遐，桂树生山幽。"[①] 又如孙枝蔚也曾到白鹿洞书院拜

---

① 王士祯.渔洋精华家集注［M］.济南：齐鲁书社，2009，第1190页。

谒汤来贺。孙枝蔚（1620—1687），字豹人，号溉堂，陕西三原人，清代著名诗人。

根据查慎行《庐山纪游》的记载，白鹿洞书院正学之门前面的泮池就是汤来贺修建的，这个泮池至今仍存。此外，汤来贺与庐山木瓜洞道士石和阳交游甚欢，曾以"凿开奇境表青青，高士聊吟道德经"的诗句称赞石和阳，时人以为知言。汤来贺之子汤永宽作《石嵩隐先生传》，收录在吴宗慈《庐山志》中。汤永宽，字硕人，天赋诗才，后来也在白鹿洞书院讲学，著有《随遇堂集》。

康熙二十七年（1688），汤来贺逝世，终年八十二岁，门人私谥曰"文恪"。汤来贺著有《内省斋文集》三十二卷，另有《鹿洞迩言》尚未得见。康熙三十一年（1692），江西巡抚宋荦将汤来贺的神位崇祀于白鹿洞书院先贤祠中。清代中后期，又在白鹿洞书院崇德祠祭祀汤来贺，纪念他对白鹿洞发展做出的贡献。

原敬，字元功，号畏斋，江西乐安人。贡生。其为学主张居敬穷理，实体力行，有声于时，从学者甚多。应福建巡抚张伯行的聘请，主持九闽书院，校正先贤的理学著作，成绩突出，被授予"豫章文献"的匾额。

康熙五十一年（1712），江西巡抚郎廷极聘请原敬担任白鹿洞书院洞主。郎廷极，字紫衡，号北轩，广宁（今辽宁省北镇市）人，康熙四十四年（1705）出任江西巡抚。任内督造官窑瓷器，人称郎窑，为世所珍。官至漕运总督。为了郑重其事，郎廷极特地赋诗为原敬送行。《郎大中丞送原先生赴鹿洞讲席诗》：

> 洙泗渊源道不断，千秋末学辟榛芜。
>
> 名山此日留弦诵，多士于今得楷模。
>
> 讲席晓光摇匹练，钟楼斜日对香炉。
>
> 楮冠芒履家风在，尚作商歌一曲无。

诗中寄托再现白鹿洞书院辉煌的厚望，希望师生于此认真钻研学问。此外，郎廷极又有《集唐与鹿洞师生》：

> 宫墙依旧压层崖，（皮日休）

惟有读书声最佳。（翁承瓒）

绛帐青衿同日贵，（石贯）

始应高惬圣君怀。（张蠙）

集句诗是一种好玩儿的体裁，从现成的诗篇中，选取现成的句子，再巧妙集合而成的新诗。集句诗一般都是兼集各家诗句，也有专集一家的，如专门选取陶渊明诗句的集陶诗，专门选取杜甫诗句的集杜诗，还有专集一代的，如郎廷极的这篇集唐诗，专门从唐代诗歌中寻找诗句。郎廷极的这首集句诗分别出自皮日休《馆娃宫怀古》、翁承瓒《书斋漫兴》、石贯《和主司王起》、张蠙《赠水军都将》。郎廷极的这两首诗被刊入石碑，现在保存在白鹿洞书院碑廊中。

原敬摩崖石刻

原敬在白鹿洞书院阐明圣贤之学，据说出现了"白鹿重来，枯桂复荣，登坛时雨"等瑞兆。南康知府蒋国庠也称赞说："乐安贡生原敬主讲坛席，熏陶渐染，文教之隆，较昔更胜。"根据《同治乐安县志》记载，原敬在白鹿洞书院讲学的文献，最终整理为《鹿洞汇录》。毛德琦《白鹿书院志》中收录原敬制定的《续白鹿洞规》：

一、居敬以立基。原敬阐扬圣学，以"敬"为主。他认为敬是身心的主宰，万事万物的根本。居敬之于学习，就好像地基之于房屋。没有地基，房屋自然不会牢固。不能居敬，身心就无所依靠，为学必然失败。因此，对于学习圣贤来说，敬是一刻都不能离开的。持敬的方法其实很简单，如果做到孔子所说的"整齐严肃"，"动容貌，整思虑"，"正衣冠，尊瞻视"等要求，自然内敬外直，身心肃然。

二、随事以穷理。原敬认为，学子们只要能够做到居敬，自然心静眼明，能够洞察事物的本原，不为表面现象所迷惑。遇到事情，就能够了解其所当然，更能够探究其所以然，进而掌握事物发展的普遍原理。读书是探究事理的重要途径，熟诵其辞，细绎其义，先用自己的思考去分析圣人的想法，最终以圣人的思维原则指导自己的思路。这才是真读书，才是真穷理。读书的过程中能够熟练地探究事物的普遍原理，遇到突发情况的时候就能随机应变，处置得当。

三、黾勉以力行。原敬指出读书学习必须要加以实践，没有经过实践的学习是不可靠的。学子们按照圣人的指导进德修业，应当用心灵去体会，用身体去实践，不要因为要求简单而忽视，不要因为标准较高而放弃，一心一意，脚踏实地，不计较一时的得失荣辱，做到富贵不能淫，贫贱不能移，威武不能屈。

四、严密以克己。原敬告诫学子们要学会克制自己的欲望，人心一动，妄念丛生；人身一动，嗜欲纷集。人的欲望过多，容易看不清事情的真相，就会被口腹之欲和小恩小惠等事物迷惑，在生活中逐渐沉沦，难以自拔。因此，学子们一定要克制自己的欲望，哪怕连微小的念头都要加以警惕。不要自我开解，不要自欺欺人，要在常人难以克服的地方下功夫，才能超凡脱俗，成就大事业。

五、循理以处事。原敬指出，人生天地之间，必然会遇到各种各样的事物。面对烦扰复杂的事物，不要心生厌倦。不论何种事物，必然有其客观规律，学子们需要虚心观察，探究其理。如果事物符合儒家的原则，就可以执行；如果不符合儒家的原则，就要制止。不要单凭好恶而固执己见，不要毫无主见而随波逐流，不能因为利害关系而改变应有的原则，不能因为敷衍了事而放弃自己的责任。假如遇到生死关头，也要遵循大义。

六、推己以待人。原敬重申张载《西铭》中民胞物与的思想，告诫学子们应当视人民如同胞，亲爱有加。自己明白事理，不忍心看到他人昏昧无知；自己吃饱穿暖，不忍心看到别人饥寒交迫。应当以己心度人心，推己及人，按照从亲到疏的顺序，各自奉献自己的力量。在与他人相处中，以公心为原则，以恕道为方法，待人和蔼，彬彬有礼。不得责人以所难，不得求全而责备。

由《续白鹿洞规》可以看到，原敬学宗朱熹，质朴踏实。他的《续白鹿洞规》讲解清晰明了，具有很强的实践性，对于今天的人们来说，也有着极大的借鉴意义。

根据毛德琦《白鹿书院志》的记载，原敬曾向白鹿洞书院捐赠图书三种：《原鸣喜存业》十编十本，《正宜堂语录》一本，《鹿洞汇录》一部五本。可惜都已消逝在历史长河中。

此外，原敬在白鹿洞书院还留下了一块碑刻和两处摩崖石刻。

康熙五十一年（1712），南康府同知蒋国祥呈请增加白鹿洞书院诸生的录取名额，得到江西巡抚郎廷极、江西学政冀霖批准。原敬奉命撰写《详请广额碑记》并勒石，记述事情的经过及往来公文，作为书院增加考试录取名额的法律依据。这通碑现存白鹿洞书院碑廊中。

白鹿洞书院门前的贯道溪中有一块大石头，上面刻着"逝者如斯"四个大字，落款"原元功书"。"逝者如斯"出自《论语·子罕》："子在川上曰：'逝者如斯夫，不舍昼夜。'"意思是说孔子站在河边，叹息道："消逝的时光像河水一样啊，日夜不停地流去。"原敬题写这方摩崖石刻，是想告诫书院的学子珍惜时光，潜心学问。

在"逝者如斯"石刻下游不远处，还有原敬的另外一方摩崖石刻："康熙壬辰，夏五月大水，秋八月大风。"这方石刻记录了康熙五十一年（1712）的时候，发生在庐山地区的两次极端天气情况。《论语·乡党》记载孔子"迅雷风烈必变"，体现了儒家敬畏天地的理念。原敬的这方石刻不仅贯彻了敬畏天地、敬畏自然的谦逊态度，而且是研究庐山地区气候变迁的珍贵记录。

靖道谟

培养白鹿洞主的洞主

靖道谟，字诚合，号果园，湖北黄冈人。康熙六十年（1721）进士，选翰林院庶吉士。雍正元年（1723）授云南姚州知州，勤廉爱民，颇有政绩。云贵总督鄂尔泰闻其名，聘请其主持纂修《云南通志》。后致仕，在家乡购置义田六百余亩，仿照朱熹社仓法储粮备荒。又倡议修筑钟坪堤，以防水患，使数十处村庄受益。历任江汉书院、白鹿洞书院、鳌峰书院主讲，其教先敦行而后修辞，切实可行。著有《过庭编》等。

靖道谟少年时即有文名，曾从江汉书院王心敬先生问学。王心敬（1656—1738），字尔缉，学者称丰川先生，陕西鄠县人。从学于大儒李颙，得其真传。王心敬淡泊名利，无意科举，多次拒绝大学士鄂尔泰、湖广总督额伦特等封疆大吏的举荐，终身以讲学为业。康熙四十九年（1710），王心敬应请主讲武昌江汉书院，培养出得意门生靖道谟。王心敬在《答门人靖道谟庶常》中勉励其以天道为宗，以孔孟思想为准绳，树立经时济世之志。在《又答门人靖道谟庶常》中告诫其破除门户之见，探究四书五经的意蕴。

在《寄江汉书院门人靖诚合八子》中勉励诸人进德修业，学以致用。如此种种，不一而足。王心敬的理学思想对靖道谟后来的讲学事业产生了极大的影响。值得一提的是，雍正五年（1727）的时候，王心敬与江西布政使王承烈同游白鹿洞书院。王承烈作《丁未春日游白鹿书院即用朱子与象山韵成七言近体一章》，认为朱陆异同之说多出于偏袒之心，一味空谈不如致力于笃行。王心敬作《和复庵方伯弟白鹿洞用朱陆二先生唱和韵》，借朱陆之辩来阐释理学各门派殊途同归的见解。

乾隆九年（1744），靖道谟应江西巡抚陈宏谋、江西观察李根云的聘请，出任白鹿洞书院山长。

陈宏谋（1696—1771），字汝咨，广西桂林人。原名弘谋，晚年避乾隆皇帝讳，改名宏谋。雍正元年（1723）进士，官至东阁大学士兼吏部尚书。任江西巡抚期间，陈宏谋曾至白鹿洞书院讲学，阐释《论语》"吾与回言终日""回也其庶乎"两章的要义。其讲义被刊入碑刻中，现立于白鹿洞书院内。此外，陈宏谋编纂《五种遗规》，是清代士大夫之家中广泛传习的家庭教材，

靖道谟：培养白鹿洞主的洞主

清末更是作为中学堂修身科的课本大量传播。其中《养正遗规》辑录古代圣贤的教育方法，如朱熹《白鹿洞书院揭示》、高贲亨《洞学十戒》等，均来源于白鹿洞书院。

李根云，字仙蟠，号苍崖，云南大理人。康熙五十七年（1718）进士，乾隆二年（1737）任江西分巡广饶九南道。当时白鹿洞书院的学田大多被豪民劣绅侵占，致使书院经费不足，房屋破损难以修理，无力聘请主讲，生徒寥寥无几。李根云慨然以恢复白鹿洞书院为己任，清理学田，修葺房舍，礼聘山长，增加膏火费用，委任督洞学官，设立规约，选拔生徒，使白鹿洞书院重现活力。乾隆十年（1745），李根云调任他所，靖道谟撰《参政李公修复白鹿洞书院记》，详细记述李根云修复白鹿洞书院的各项事迹，由南康府各级官员及书院生徒共同立碑。

靖道谟在白鹿洞书院的教学活动遵循朱熹《白鹿洞书院揭示》，并制定《鹿洞书院续规》，共计四条：

一是"出入有节"。白鹿洞书院原本设有考勤制度，记录学生日课、月课情况，防止学生旷课。对于确实需要请假的学生，白鹿洞书院也制定了详细的请假制度。请假制度的制定，是为了更好地督促学生潜心读书，致知明德，避免因游逸无度而荒废学业，因此对于请假的规定较为严格。靖道谟认为诸生在书院学习忠孝之道，若长时间不回家省亲，是有悖于孝道的，"盖学校以讲明礼义，有亲在堂，相去非远，而连月不一省亲，殊非孝弟为本之道"。因此特意又设立了给假制度："居六十里内者，每月许归省一次，以四日为期。百二十里者，两月一归，八日为期。二百里内外者，三月一归，半月为期。尤远者则半岁为期。其有不愿归者，听。"[①] 根据路程远近，分别给予一定的假期回家省亲。对于专心学业，不愿回家的学生则不做强制性要求。靖道谟的给假制度既满足了学生回家探亲的需求，又保证了考勤制

① 吴国富.新纂白鹿洞书院志［M］.南昌：江西人民出版社，2015，第278页。

度的严格执行，一举两得。

二是"会讲有期"。靖道谟规定每月初六、十一、二十一、二十六日举行会讲。会讲的时候以五位学子为一个小组，每位学子讲一章，主讲根据学子讲授的内容进行提问和评论，众人各抒己见，遇到问题众人共同讨论解决。"盖讲以讲其平日之所习，习即习其平日之所讲，交互发明，相观而善，于以尊所闻，行所知，德业有不进于高明光大者乎？"除了每月四次会讲之外，靖道谟还鼓励学子们能在平日学习中随时讨论问题，互相切磋。

三是"读书有本"。靖道谟认为经史百家皆有阅读学习的价值，然而最需要阅读的当属朱熹的《四书集注》。"朱子尤集诸儒之大成，其生平精力尽于《四书》，其绍往圣以开来学亦书具于集注。有志读书必熟读四书，尤须细玩《集注》。"对于具体的阅读方法，靖道谟也有精彩的论述："信口念去，不能浃洽身心，不可谓能读《四书》也。记高头讲章之俗解，袭随文敷衍之陋说，不可谓知《集注》也。凡读《四书》，须讽颂数过，濯去旧见，以求新知，设身处地而自验之。觉圣贤当日一字一句皆为我设，随将《集注》恬吟密咏，于以求其用意之精密，血脉之贯通，则书之虚仲实理，自当跃跃纸上，然后读诸经以观其会通，读诸史以考其证据，则发为文章皆本心得者，为言自肆外阔中，与浮光掠影之迥异。"[①] 只有设身处地去体悟经典中的道理，才能将书本中的知识化为自己的行动自觉，达到变化气质、充盈内心的效果。这样的读书才是真正的读书，才是善于读书。

四是"力行有要"。靖道谟对于如何在日常生活中贯彻执行学习的内容予以指导："凡有言行，因所发而交相为制，省察工夫尚觉近而易习。如将有言，即自问曰：'此言可行否？'如不可行，不可言也。将有行，即自问曰：'此事可对人言否？'如不可言，不可行也。……以行律言，以言考行，

---

① 吴国富.新纂白鹿洞书院志［M］.南昌：江西人民出版社，2015，第288页。

则不敢萌自欺之心，即可无欺人之事。"①通过在日常言行中加以锻炼，学子们能够不断自我审视、自我修正，从而努力塑造理想人格。

除了在书院讲学，靖道谟还带领学生在庐山游历，开拓视野，陶冶情操。乾隆十一年（1746）九月，靖道谟一行从白鹿洞书院出发，经折桂寺、白石庵、木瓜洞、太平寺、栖贤寺，最后到达卧龙冈，前后三日。靖道谟作《自白鹿洞游庐山记》记述此次游览经历。从游是一项传统教育方式，通过跟随师长游历山水风光，亲近自然，增长见识，愉悦精神，在领略秀美风光的同时学习知识，陶冶情操。学子在跟随师长游历的过程中，随时聆听师长的讲解，充分感受到师长的学识和人格魅力，在师长的言传身教中潜移默化地完成知识的积累和境界的提升。

靖道谟在白鹿洞书院谆谆教诲，以身作则，培养了大量优秀的人才。其中史珌、干建邦等人先后考中进士，出仕为官，多有惠政，又先后被聘请为白鹿洞书院洞主，讲学授徒，不坠宗风。史珌是这样回忆靖道谟的："先生在书院三年，凡有益来学者，知无弗言，言无弗用。今虽规模渐更，而士友犹被遗教、食旧德者，皆先生作法于厚之泽也。先生律己廉，虽赆不取；自治密，年逾七十犹自课不懈。学力宗朱子，而恒自谓不为无用之言，虽指示文艺，亦必要诸实用。凡会讲讲章必先日手定，且一善必诱进，有过必尽言规切，当时或病其严，而事后之感弥深。"②"当时或病其严，而事后之感弥深。"这或许是大多数学生在追忆恩师时的共同感悟吧。当年暗地里责怪老师过于严肃，殊不知在老师的严格要求之下自己已经脱胎换骨。等到自己意识到老师的恩情时，却因时光流逝而无法当面诉说，只能把无限的思念和感恩放在心底。

① 吴国富.新纂白鹿洞书院志［M］.南昌：江西人民出版社，2015，第288页。
② 孙家骅、李科友.白鹿洞书院碑刻摩崖选集［M］.北京：北京燕山出版社，1994，第42页。

跨越百年的鹿洞之缘

白鹿洞书院是众多学子向往的学术圣地，培养的优秀人才不可胜数，其中鄱阳史氏一族，六代人中有史桂芳、史乘古、史珥等三人先后在白鹿洞书院学习，时间延续二百余年，跨越明清两个朝代，着实令人瞩目。

史桂芳（1518—1598），字景实，号惺堂，江西鄱阳人。嘉靖二十年（1541）入白鹿洞书院读书，刻苦自励，学问大成。史桂芳曾自述这段时光："我庚子无科举，辛丑往白鹿洞。一年止看《大学》《中庸》二本，至十一月终，方看《论》《孟》，年终完。正初即看《典谟》《洪范》，年终经完，岁除回家。今四十年，稍能记忆。当年至小考、科举于度外，止锁门读书，故一日工夫，实是二日。若泛泛涉猎，即读书十年，放下即忘，却总成空也。"①

史桂芳在自述中提及的正是白鹿洞书院最基础的教学方法"日课"。日课即每日所作的功课。子曰："学而时习

---

① 吴国富.新纂白鹿洞书院志［M］.南昌：江西人民出版社，2015，第246页。

之。"子夏曰："日知其所亡，月无忘其所能，可谓好学也矣。"日有定课，循序渐进，才能取得良好的学习效果。在书院教学中，日课是学术开展学习的基础方法，它不仅可以进行知识积累，还为讨论、会讲、月课等教学打下基础。日课一般由书院规定程式和标准，以学生自学来完成。例如李龄《白鹿洞规》中对于日课有详细的规定："读书必循序渐进，不可躐等。先读《小学》，次读《四书》《五经》及御制书、《史》《鉴》。各随资质高下，上者五百余字，中者三四百字、一二百字，十日一温书，终通温。各置起止簿一扇，逐日填写，以凭考校。下年不许将诵过经书重复填写。"①为了提高日课的效果，不至于囫囵吞枣一般地草草读完了事，《白鹿洞规》还规定："务慎思明辨，字求其训，句索其旨，章求其义，如未明，遍考《或问》《大全》之书以证之，不可苟且放过。"要求学生认真研读，一字不能放过。日课是每个学生都需要完成的功课，因此书院一般都会制定作息时间来保证学生勤于功课。然而，过度的挑灯苦读也会导致日课无法持久，学业不进反退，因为日课的核心是"日有定课，循序渐进"，正所谓欲速则不达。鉴于此，《白鹿洞规》规定："诸生每夜读书，率以三更为节，过此不惟劳神致疾，亦恐有进锐退速之弊。"此外，书院还设立堂长，"专巡行督视课业勤惰"，督察学生日课的完成情况。史桂芳在白鹿洞书院的日课是研读儒家经典，他用了一年的时间读《四书》，又用了一年的时间读《尚书》，因为心无旁骛，潜心读书，以致四十年后依然记忆犹新。日课的学习效果，由此可见一斑。

根据夏子羽《惺堂先生年谱》记载，嘉靖二十年正月，二十四岁的史桂芳辞别祖母杨氏，去白鹿洞就学，半路上遇见陈献章的传人傅愚斋，"相与语，始卓然以圣人为必可学。""先生少豪宕，愚斋书'主忠信'三大字悬先生坐前，自是对人无妄语。岁终归省，乡人见其举止风仪，屹不可犯，共讶异云。"史桂芳自己也记载说："辛丑、壬寅两年居白鹿洞，赖傅愚斋

---

① 吴国富.新纂白鹿洞书院志［M］.南昌：江西人民出版社，2015，第256页。

教，幡然改旧习。"傅愚斋，即傅明应，字国卿，江西高安人。师从陈献章弟子邓德昌，又从邹守益、罗洪先学。《明儒学案·白沙学案》记载："先是，岭表邓德昌，白沙弟子也，以其学授傅明应。先生读书鹿洞，傅一见奇之曰：'子无第豪举为，圣门有正学可勉也。'手书古格言以勖，先生懻然，向学之意自此始。"① 可见，白鹿洞书院的学习经历对史桂芳产生了极大的影响。

嘉靖三十二年（1553），史桂芳考中进士，历任歙县知县、南京刑部郎中、延平知府、汝宁知府，官至两浙盐运使。其为官清廉自持，不事逢迎，兴利除弊，关注民生，深受百姓爱戴。著有《惺堂文集》十四卷。

万历七年（1579），大学士张居正奏请废毁天下书院，得到批准。白鹿洞书院生徒被遣散，书院学田被变卖，以充边境军需。不幸中的万幸，白鹿洞书院有圣贤遗像，不便拆毁，于是书院的建筑得以保留。万历十年（1582），张居正病死，不久即遭抄家。万历十一年（1583），给事中邹元标奏请恢复天下书院，得到恩准。白鹿洞书院在荒废数年之后，终于迎来恢复的希望。

万历十二年（1584）二月十八日夜，史桂芳在书房读书，当他读到韩愈致李渤的书信时，一下子就想到了白鹿洞书院。他感慨时事，心中五味杂陈，于是提笔写道：

> 万历甲申二月十八，夜读韩文至《与李拾遗书》，感念时事。唐李渤隐少室山，宪宗元和三年召之，不应，韩子为文劝之，至曰"若景星凤凰之始见也，争先睹之为快"，其人可知矣。又尝隐庐山，养白鹿自随，唐人名其地为白鹿洞。历五代及宋，邦人景仰之思未已也。朱子守南康，因邦人之思，复其故庐，而聚徒讲学其中，请于朝，敕赐白鹿洞书院额，请陆象山先生登堂讲"君子喻义章"，闻者汗背，一时大兴起，成就人才为多。朱子置田廪来学者，南康、九江间慕义输田数百顷，终宋不衰。元益表章恢益之，至红巾贼始烧残。圣

---

① 吴国富.新纂白鹿洞书院志［M］.南昌：江西人民出版社，2015，第246页。

明御极，王忠文列炬入山寻故址，复书院，故田竟无侵者，是天理之在人心不终泯也。唐御史龙请于朝，聘蔡宗充为师。嘉靖辛丑、壬寅，余习业洞中，时同游傅愚斋辈数百人，岁支租二千石。闻当宋盛时，岁支万数，尚有余饶。至江陵下令毁书院，御史张简划没洞田，削朱陆遗迹。红巾之后，乃复遭此。是时海内争妍取怜者，所至残虐。唯恐残虐之不甚，而踪迹之不新且奇，趋承之居人后也。天下四大书院，白鹿已矣。若岳麓、石鼓，悬知其同祸也。楚人一炬，可怜焦土，何殊于李斯之焚坑也。虽然，人无所不至，惟天不容伪。唐公在浙为乡贤，所至为名宦，司铨为真冢宰。张乃与寺人冯保、逃军徐爵同传，天道可终欺乎！①

这是曾经的白鹿洞书院学生所记录的书院发展史，具有较高的文献价值，文中对于张居正废毁书院予以强烈的批评，对于书院浴火重生满怀信心。

万历十二年（1584）六月，南康知府潘志伊主持的白鹿洞书院修葺工程完工，撰《兴复白鹿洞书院记》志喜。书院从此重获新生，继续弘扬儒家学说。史桂芳则有机会故地重游，到白鹿洞书院讲学。万历十七年（1589）正月，史桂芳应顾云程邀请到白鹿洞书院讲学，旋因家中出现意外，仓促而返。顾云程（1535—1608），字务远，号襟宇，江苏常熟人。万历五年（1577）进士，时任江西佥事，分巡九江道。当年三月，史桂芳再次应顾云程的邀请来到白鹿洞书院。他在《重至鹿洞书院感示同志》诗中说："紫阳学脉千秋在，子静流徽奕世传。汲井自惭牵短绠，登祀惟慕著先鞭。诚明应到无亏处，义利须严未发前。圣泽有源逢定易，洞中流水是原泉。"

史桂芳之孙史乘古也在白鹿洞书院读过书。

史乘古，字尔力。生性聪颖，十二岁时就能通晓六经大义，写文章援

---

① 孙家骅，李科友. 白鹿洞书院碑刻摩崖选集［M］. 北京：北京燕山出版社，1994，第50—51页。

笔立就，有倚马可待之才。弱冠时入县学，深受江西参议葛寅亮的器重，特选拔其进入白鹿洞书院读书，时为万历四十一年（1613）。史乘古在白鹿洞书院读书期间，曾写过一首《听泉石》：

> 流泉出云端，锵尔如鸣玉。山深听者稀，泉亦矢弗告。
>
> 谁知石丈人，倾耳日相属。涓滴皆沁心，寒暑不移足。
>
> 岂无松巅涛，作辍非所欲。岂无洞边琴，喧聒时争粟。
>
> 何如听兹泉，千古无断续。听到声希时，何处容尘俗。
>
> 我来一披榛，屏颜映朝旭。问石石无言，但觉秋苔绿。

这首诗借描写白鹿洞山间流泉来抒发自己高洁的志向。崇祯三年（1630），史乘古赴北京参加廷试，途中再次来到白鹿洞书院，回忆二十年前的读书岁月，不胜唏嘘，又赋《重经白鹿洞》诗一首：

> 曾记廿年前，我生方韶春。弱冠渡湖来，行吟绕泽滨。
>
> 挟策过鹿洞，匡君结交新。而视意气豪，洒洒跃龙津。
>
> 济胜既有具，摛文恒超伦。曷云到今来，累岁淹风尘。
>
> 掉舟复经此，名山话旧因。所欢时节变，流光相催频。
>
> 年增业不益，屈指垂四旬。揽镜忽惊折，髭发清霜邻。
>
> 志雄犹局促，瞻老徒轮囷。五老似相念，白云持赠人。

史乘古入京之后，参加谒选，授直隶宁津县（今山东省宁津县）知县，因功擢升永平府同知。《鄱阳县志》称赞其"孝友天植""性好成就来学，多方训迪，亹亹不倦""率尔所谈，借成名理，听者俱有所感发，兴起一方好古之风，至今未衰"。著有《江州集》《瀛海纪事》等著作。

史乘古之曾孙史珌，字师戬，号汇东。乾隆十年（1745）就学于白鹿洞书院，师从靖道谟，学业大进。史珌文思敏捷，博通经史，长于诗文。乾隆十二年（1747）举人，乾隆十九年（1754）进士，授翰林院编修。后因母亲年高，辞官归养。

乾隆三十四年（1769），史珌应请担任白鹿洞书院主讲，整顿学风，严肃纪律，以实行实学勉励学子。讲学期间，勤于著述，完成《汇东手谈》十二卷。乾隆三十五年（1770），史珥将五世祖史桂芳的《惺堂先生语录》《重至鹿洞书感示同志》以及曾祖史乘古的《听泉石》《重经白鹿洞》刻石，并作跋文。又将恩师靖道谟《鹿洞书院续规》刻石，并作跋文。这两通碑刻现存白鹿洞书院碑廊中。

史珥在白鹿洞书院讲学两年，后返乡家居，以读书作文自娱。平生著作宏富，有《四史札记》《汇东手谈》《胡忠烈遗事》《塞游记》《鄱郡遗诗考》《且存文集》《存旧录》等。

谢启昆

贯道溪畔赋琴意

谢启昆（1737—1802），字良璧，号蕴山，又号苏潭，江西南康人。出生于书香世家，幼承庭训，天赋聪慧，刻苦自励，少年时即品学兼优，受人称赞。乾隆二十六年（1761）进士，选翰林院庶吉士，充国史馆编修。乾隆三十五年（1770）出任河南乡试主考官，选拔了一些有真才实学的人士，受到朝野上下的一致称赞。乾隆三十七年（1772），授镇江知府，旋调扬州知府。之后历任宁国知府、江南河库道台、浙江按察使、山西布政使、浙江布政使等职。嘉庆四年（1799），授广西巡抚。嘉庆七年（1802）卒于任上，终年六十六岁。谢启昆为官清廉，政绩卓著，被誉为良吏；同时治学有方，博才多学，著作等身，计有《树经堂诗文集》《西魏书》《小学考》《史籍考》《粤西金石志》《广西通志》等多部著作，涉及经学、史学、金石学、方志学等多个领域。

乾隆五十四年（1789），谢启昆应请出任白鹿洞书院山长。谢启昆能与白鹿洞书院结缘，应当是出自其恩师翁方纲的安排。翁方纲（1733—1818），字正三、振三，号覃溪，晚号苏斋，直隶大兴（今北京市大兴区）人。乾隆十七年

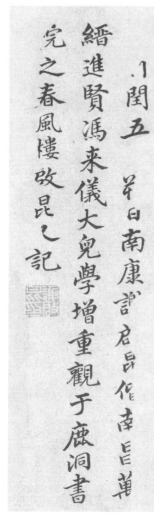

谢启昆书法

（1752）进士，选庶吉士，授翰林院编修。历官至内阁学士、鸿胪寺卿。先后典试江西、湖北、顺天乡试，曾任广东、江西、山东学政。他既长于诗文，又擅书法，更精于鉴赏，对诗歌、书画、谱录、金石等都有很深的研究，而且著作等身。乾隆五十一年（1786）至乾隆五十四年（1789），翁方纲任江西学政，管理全省教育事务，对于白鹿洞书院格外关注。恰逢书院山长沈琨卸任，翁方纲遂推荐谢启昆接任，并特意为之赋诗《蕴山应聘主鹿洞讲席》："窙寂岚漪信有神，瓣香容易说前因。来寻鹿洞申条约，果与匡君作主人。经义师承毋泥古，文章家数莫翻新。开先玉峡看飞瀑，处处源头可问津。"诗中颈联"经义师承毋泥古，文章家数莫翻新"是针对当时轻言复古，好驳斥宋儒的学风而言，希望谢启昆能够兼采汉学与宋学之长，以扎实的汉学考据工夫，折中于宋儒义理之学，不为门户之见。谢启昆在《己酉主鹿洞讲席，翁覃溪师赋诗寄赠，次韵奉答兼示诸生二首》中作了回复："贯道溪源分一派，休从俗学乞余津。""陈言务去缘心得，妙质长留与古新。"表示自己不会受俗学的影响，必将遵循恩师的嘱托，兼采汉宋，推陈出新。

谢启昆在白鹿洞书院的教学活动可以从其诗文中窥见一斑。谢启昆授学以义理为主，尊崇朱熹，其《谒朱文公祠二十四韵》称赞朱熹的学说"经论皆实效，诚正岂空言"，赞颂朱熹兴复白鹿洞书院"讲座铭无斁，条规义不烦"，表示自己"所学平生愧，长怀往哲尊"，并预言朱熹的影响将"绵绵千万祀，仰止矢无谖"。书院不仅研讨义理之学，还要重点学习如何赋诗作文。谢启昆在《留别鹿洞肄业诸生》（其二）中有集中的阐释：

> 我思古作者，为文必己出。譬蜂采百花，酝酿得甘蜜。
>
> 又如置器用，先植梓与漆。三代暨两汉，源流本合一。
>
> 道无区大小，文要总华实。垩尽鼻不伤，郢人留妙质。
>
> 老我工斫轮，历甘苦徐疾。简练为揣摩，雷同恶剿说。
>
> 殿最竞锱铢，纷纭较得失。不见李善道，授经启石室。

诗中要求诸生务必如蜜蜂采蜜一般，博览群书，融会贯通，然后以自己的语言写出自己的思想。所需阅读的书籍主要是先秦经典以及两汉文章，反复诵读，烂熟于心，就能做到得心应手，进退自如。此外还需要推敲文字，务求简练；刊落陈言，勿袭俗说。谢启昆为文典雅，言之有物，是有名的作手。诗中所言是其读书作文的心得，虽然看上去无甚高论，其实最是切实有用，莫要等闲视之。

谢启昆最拿手的还是诗，著名诗评家翁方纲就说过："吾与西江诸友论诗，前则谢子蕴山，今则吴子兰雪，最其秀也。"谢启昆以诗人的灵心善感体悟着白鹿洞书院的山石林泉，处处透漏出诗意。比如书院的松涛，"苍翠上摇五峰动，澎泓遥挟九江来"；著名的华盖松，"不与众松同列行，老干上耸千尺强。虬枝忽折倒垂芒，似枯不枯鳞鬣长。鸾凤舒翼止且翔，铁戟横拓势昂藏。"贯道溪的流水，"滚滚晶球扑面来，皑皑雪岭堆天上。"其中，谢启昆最钟情的还属枕流桥畔的淙淙流水声，有如美妙的琴声。为此，谢启昆手书"琴意"两个大字,镌刻在枕流桥西畔崖石上，落款"乾隆己酉夏五，主讲谢启昆题"。并赋诗一首，以畅其意。《枕流桥之侧镌琴意二字于石作琴意吟》：

谢启昆：贯道溪畔赋琴意

庐山之南，玉泉之阴。

白石齿齿波沉沉，流入松林太古音。

醳之攫之愉且深，按之无弦并无琴。

我会琴中理，无劳弦上指。

共喻者谁二三子，海上蓬莱空渺涗。

平生不识董庭兰，得意铮瑽水石间。

次律若逢和璞语，东坡应悟仲殊弹。

偶寻行乐地，风浴坐盘桓。

万籁无声碧潺潺，但见天高云卷山。

月寒手挽千斛水，洗净筝琶耳不愿。

诸生枕流漱石宗巢由，但愿终日理性宣情叶宫徵。

　　谢启昆主讲白鹿洞书院的时间很短，他在《留别鹿洞肄业诸生》（其三）中说："寄榻十三旬，风雨数晨夕。课文十五番，经义兼诗策。……松风吹别袂，诸子各有适。行者应秋试，居者返旧宅。挥手谢五老，何时重蜡屐。"一旬为十日，十三旬就是一百三十天，四个多月而已。虽然担任白鹿洞书院主讲的时间很短，谢启昆依然勤于教学，举行了十五次会文活动，并讲授儒家经典和诗文、策论等内容，作育人才，不遗余力，值得钦佩。

干 特

星子干氏与白鹿洞书院

星子干氏耕读传家，诗书继世，代有人才，长盛不衰，特别是清朝初年，干特续书白鹿洞书院之后，更是文风昌隆。其家族成员列名于白鹿洞书院者，先后数十人，流风余韵，延及清末。

干特（1640—1715），字达士，号存庵，江西南康府（今江西省庐山市）人。康熙二十三年（1684）恩贡生，学问精粹，行履纯谨，有声于时。康熙二十四年（1685），汤来贺应请出任白鹿洞书院主讲，褒奖时彦，推荐后学，特选拔干特任堂长之职。据康熙二十二年（1683）江西学政高璜制定的《白鹿洞书院经久规模议》规定，书院堂长"主诱掖、调和洞中学徒，专巡行督视课业勤惰""凡学徒有疑义，先求开示于经、学长；不能决，再叩堂长；不能决，再叩副讲；不能决，再叩洞主"。"堂长一人，管干一人，每年拟支给银一十六两。"于此可知，清代的堂长普遍由学行兼优的生员担任，领取一定的报酬，其主要职责是对书院学子进行日常管理，重点考察学子日常的学业和德行情况，类似现在大学里的辅导员；同时，还要为书院学子解答疑问。干

干建邦《原泉亭记》拓片

特的堂长工作甚为称职，得到了书院主讲汤来贺的称赞。后来，福建巡抚张伯行曾聘请干特前往福建主持鳌峰书院，因年老体衰而未能成行。干特著有《志道编》等著作，可惜未见传世。干建邦《原泉亭记》中收录干特两首诗歌：

> 鹿洞初成泮水功，直泉独自后屏通。
>
> 明明观物源头活，默默澄心潭影空。
>
> 小瀑光摇银河下，涟漪文透玉渊通。
>
> 谁知池里静深处，江海悠然一贯中。（其一）
>
> 取水寻源孔孟同，如斯如是复何穷。
>
> 为仁随地三流坎，作圣学山一养蒙。
>
> 沼内种莲陪翠草，亭旁栽竹引清风。
>
> 西隅五老垂清眼，喜看贤关有化工。（其二）

干建邦（1660—1716），字叔掌，号庐阳，干特之子。康熙十七年（1678）补博士弟子员，后入白鹿洞书院读书，师从汤来贺先生。康熙二十六年（1687）考中举人，康熙三十九年（1700）考中进士，出任河南舞阳知县。干建邦刚一赴任，就遇到洪涝之灾，于是不等层层报批便打开粮仓，主动赈灾，挽救了很多百姓。他又特别关注文教，出资修复舞泉书院，购置图书供学子研习，政务之暇便亲临书院讲学，提携学子，勉励生徒，使舞阳县学风大振。后来干建邦因丁忧去职，当地百姓感念其德，立生祠纪念。

康熙四十二年（1703），江西巡抚张志栋礼请干建邦担任白鹿洞书院主讲。干特、干建邦父子相继在白鹿洞书院教学，儒林传为美谈。干建邦担任洞主期间，因材施教，谆谆善诱，颇得学子爱戴，前来问学者络绎不绝，一时称盛。周兆兰补刊的《白鹿洞书院志》中收录干建邦的两篇讲义。

一是《讲"吾与点也之意"》。白鹿洞书院的贯道溪中有许多摩崖石刻，其中包括明代蔡克廉题写的"吾与点也之意"。此语典出《论语·先进》，孔子让子路、曾皙、冉有、公西华说出各自的志向。"（曾皙）曰：'暮春者，春服既成，冠者五六人，童子六七人，浴乎沂，风乎舞雩，咏而归。'夫子喟然叹曰：'吾与点也！'"曾皙，名点，曾参之父，是孔子的弟子。他的志向是在暮春的时候和朋友一起到沂河边洗澡，在微风中晾干头发，一路唱歌而归。他的志向得到了孔子的赞赏。到了北宋的时候，程颢、程颐跟随周敦颐学习，也曾说过："自再见周茂叔后，吟风弄月以归，有吾与点也之意。""吾与点也之意"是宋儒所追求的最高人生境界。干建邦率领学子在白鹿洞内散步，来到这方石刻前，于是借机教诲诸位学子："盖以人心贵洗涤干净，无纤毫私累，常活活泼泼，如鱼之在水，鹤之在空，凡所触处，皆可见天理流行，无时不有时行物生之机，无时不有老安少怀、各得其所之妙。"学习儒家经典的根本目的是祛除私欲、维护赤子之心，使个人遵循仁爱道德就如同鱼在水中畅游、鹤在天空翱翔，自然而然，无拘无束，丝毫不受功名利禄的影响。"是人欲忘而天理得，则亦无地不乐，无人不乐，无时不乐也。"[①] 把患得患失、斤斤计较的功利之心抛开，就会呈现出纯朴自然的状态，必然无时不乐，无地不乐。

二是《讲周子〈太极图说〉》。周敦颐的《太极图说》虽然只有短短的二百五十余字，但寓意丰富，在宋代理学形成过程中起到了奠定理论基础的作用，是宋明理学最经典的著作之一。干建邦向学子阐释《太极图说》的意蕴，告诫他们要遵从中正仁义之道。

除了讲义，干建邦还有《原泉亭记》，记述其修建原泉亭的缘起及经过，因为亭子位于泉水源头，因此命名"原泉亭"，并进而阐释道"天下万事万物不可无本，惟知本则务本"，表明为人为学都应该固守根本。记中说："窃以一原泉亭而通诸亭之义，水之有原，可悟太极也。水有仁义礼智信，可观德，可喻义也。观水观澜，则活泼之地如见也。五老峙于西，卓尔立于前，则高山仰止也。清而濯缨，清而为鉴，欲以之自洁也。渊源有自，往过来续，

---

① 吴国富．新纂白鹿洞书院志［M］．南昌：江西人民出版社，2015，第 332—333 页。

欲以之思贤也。继父之志，引泉入池，欲以之陟岵也。随地涌出，左右逢源，不必叹高美之难几也。一时跨流为亭，何处而处，不必疑枕流之石隐也。泉声松韵，天籁互鸣，风泉在是，闻泉在是也。亭池有鱼而意不在鱼，何不可为钓台也。泉能灌溉，四时不竭，何不可植百花也。地居幽静，别有洞天，何不可为鹿眠也。鹤巢胜事，仿佛如昨，何不可为放鹤也。时而童冠咏归，则风雩不殊。已见大意，亦光风霁月之襟怀也。潜伏孔昭，渊泉出此，龙德之所由起也。天光云影徘徊于上，盈科放海百折于下，此六合之所由周也。若一亭可合二十三亭之名义，因以扣贤关，窥圣域，视泽源，而近取之方矣。"[①] 干建邦非常巧妙地利用"泉水"这一主题将白鹿洞书院全部二十三座亭子串联起来，并以水为喻，宣扬儒家的人生境界和治学之道，是一篇借物说理的好文章。此外，干建邦还有一篇《原泉亭赋》，雅丽典则，婉转浏亮，以山水比德，表达自己不忘父亲及恩师的教诲，日新其德，克绍箕裘。

《游圣泽源记》则是干建邦率领书院学子游览贯道溪的源头圣泽源而作的一篇游记。不仅描写圣泽源的自然风光和文化印记，而且借"圣泽"的名称阐释"天地之化周流不息"的道理，告诫学子应该善于从山水自然中体悟大道。

干建邦之子干运昌、干运恒都曾在白鹿洞书院学习，先后考中举人。干运昌（1694—1733），号恕斋，幼承庭训，从小就随父亲干建邦在白鹿洞书院读书。长大后考取生员，又入白鹿洞书院读书。曾作《因友人赴钟山书院口占长歌》，其中有"不才生长近匡庐，鹿洞晨夕每咿唔"之句，可见其读书之勤苦。干运昌的名字又见于康熙五十三年（1714）李凤翥所作《鹿洞公建冀公讲堂碑记》所附生员名单；以及康熙五十八年（1719）李凤翥所作《郡伯叶侯教思碑记》所附生员名单。雍正八年（1730），干运昌撰写《郡

[①] 孙家骅，李科友.白鹿洞书院碑刻摩崖选集［M］.北京：北京燕山出版社，1994，第31—32页。

伯董大公祖白鹿洞书院教士记》，记述南康知府董文伟修葺书院屋舍、聘请王鳌担任主讲、增加膏火银钱等事迹。该碑现存白鹿洞书院中。

干运恒，字久中。乾隆三年（1738），董文伟刊刻《朱子白鹿洞教条》，碑末所附生员名单中有干运恒，当时白鹿洞书院的主讲是章国录。乾隆十年（1745），靖道谟撰《参政李公修复白鹿书院记》，碑末所附生员名单中也有干运恒，当时白鹿洞书院的主讲是靖道谟。乾隆十七年（1752），干运恒中进士第，任四川荣县、荥经等县知县，勤政爱民，颇有惠政。曾署荣、雅、渠、安诸郡政事。官至通政司知事。

干从濂，字希周，号静峣，干运昌之子。自幼聪颖，七岁时读《四书大全》，对于古代诸儒解说的异同之处，能够剖析清晰，决其旨意，颇得前辈学者的赞许。同郡侍郎李凤翥曾说他得到"匡山间气也"。乾隆十三年（1748）考中进士，历任尤溪、闽县、晋江等地知县，重视文教，移风易俗。迁淡水同知，升任巩昌知府，官至宁夏兵备道。乾隆二十九年（1764），干从濂重刻其祖父干建邦《原泉亭记》，立于白鹿洞书院中，并作跋文："右先王父《原泉记》，距今六十年矣。亭成于康熙之四十三年，岁久圮坏，其基址渐不可识。惟我先祖旧为白鹿洞山长，拥皋比一席，陶铸乡人，小子从濂奉先人之遗训，自为□□宋守，游钓其间，至今天光云影，鱼跃□□，皆先人澄心观理之地。为重树斯亭，以垂不朽，并刻亭记于崖间。先儒有'问渠那得清如许，为有源头活水来'，后有作者，读斯文可并参斯意焉尔。孙从濂谨跋。"①

此外，星子干氏家族在白鹿洞书院读书的还有干亮邦、干俊邦、干御邦、干造邦、干德邦、干逊邦、干运辅、干运乾、干运祺、干运城、干从浩等人。

---

① 孙家骅，李科友．白鹿洞书院碑刻摩崖选集［M］．北京：北京燕山出版社，1994，第 32 页。

戴第元

戴氏父子的书院时光

　　大余戴氏家族昌盛，人才辈出。特别是清代乾隆、嘉庆年间，戴第元与幼弟戴均元，长子戴心亨、次子戴衢亨相继入翰林院，并居清贵之职，闻名海内。陈康祺《郎潜纪闻二笔》卷十："大庾之戴，自文端公太仆寺少卿第元始以翰林起家。乾隆乙未，仆少弟可亭相国、子心亨同成进士，散馆皆授编修。戊戌，文端继之以大魁，除修撰。父子兄弟，并在词垣，而主试督学之差，星轺交驰，络绎道路，故其时阶皆未崇，天下翕然称西江四戴。"

　　戴第元（1726—1787），字正宇，号筤圃，别号省翁，江西大余人。自幼聪慧，有"神童"之誉，十三岁就考取县学，成为生员。乾隆十八年（1753），考中举人。乾隆十九年（1754）参加会试，中明通榜，选授兴安教谕。乾隆二十二年（1757）考中进士，选庶吉士，授翰林院编修。历典江南、山东、湖北乡试，充顺天乡试同考官。历任安徽学政、湖北学政、监察御史、鸿胪寺少卿、光禄寺少卿、太仆寺少卿等。乾隆五十年（1785），戴第元因病致仕。两年后病逝，终年六十二岁。戴第元学识渊博，才气高妙，甚得时人推重。

戴衢亨书法

编订《唐宋诗本》八十卷。

乾隆二十七年（1762）春，戴第元应请担任白鹿洞书院山长，带领长子戴心亨，次子戴衢亨一起来到庐山白鹿洞。戴第元《初至白鹿洞》：

> 十里别城郭，聒耳流泉声。
>
> 遥见层冈上，白云松岭行。
>
> 群松如宾从，华盖何亭亭。
>
> 俯舆憩其下，春风吹初晴。
>
> 谷口黄栗留，交交如有情。（其一）
>
> 旧时仙白鹿，来往饮山泉。

泉水清且驶，山花红且妍。

我行泉山间，既至洞门前。

诸生多古意，岩深无俗喧。

缅怀山中人，流风今尚存。（其二）

堂堂春风楼，迥与白云齐。

峨峨五老峰，近在长檐西。

峰明楼不孤，乃觉万松低。

大感紫阳子，寻乐穷攀跻。

永言以为好，讲座有铭词。（其三）

入山之初，戴第元心情舒畅，诗情浓郁，接连赋诗三首，描写书院周边的秀美风光。四面是连绵的青山，身旁是潺潺的流水，青松矗立，山花盛开，白云悠悠，松涛阵阵，此情此景，真是令人心旷神怡。遥想朱熹当年在此聚徒讲学，盛况空前，其流风余韵，至今不熄。在诗歌的末尾，戴第元表达了自己追寻朱熹足迹的愿望。

在白鹿洞书院，戴第元谆谆善诱，诲人不倦，指示读书门径，阐释儒家精义，讲授写作方法，批阅考课试卷，春风化雨，启迪来学。

传道授业之外，戴第元还在白鹿洞后山开辟一条道路，直达山巅，作为登高远望的平台。他又挖掘浅沟，从山后引流来两股泉水，流经房舍窗户之下，带来流水琮琤之声，犹如漱玉，命名双玉泉。戴第元灵心善感，为书院平添了许多园林趣味。他还赋长诗记述此事，四弟戴策元、长子戴心亨、次子戴衢亨均有唱和之作。戴第元《余既辟鹿洞后山路，作登眺地。又得二泉，引归窗下，琮琤作漱玉声，名双玉泉》：

山人爱松如爱竹，日对苍髯不肯俗。

山人爱泉如爱玉，荷锄自引松山曲。

二泉千年隐空谷，溪毛蕰藻映青绿。

咫尺东西争赴壑，有若参商挂檐屋。

六月炎风阑暑溽，邮筒不饮兴不足。

芭蕉叶大拙呼风，客似栟榈森一束。

寻穿乳盖剧云根，获此清泉慰幽独。

琮琤绕过云母窗，宜弹丝声间以肉。

不然趺坐持空钩，蝌蚪龟鱼月下读。

我本蓬莱一散仙，偶向庐山访匡续。

昨日登高发长啸，下瞰宫亭盈一掬。

欲招五老骨已顽，不共深林听谡谡。

何如此泉清濯缨，朝晞阳阿晚睡熟。

漫学坡公踏赤鲤，更驾苍龙骑白鹿。

戴第元的四弟戴策元（号金门，副贡）当时也在白鹿洞书院，和诗一首：

种树先种竹，种竹可疗俗。

俗肠谁使净如玉，不如引彼流泉曲。

屋后山泉出涓涓，携锸具畚穷深谷。

千株不断松葳青，双涧欲破苔衣绿。

上西下西声琮琤，堰潴灌注穿山屋。

但觉两腋快生风，那知炎歊六月溽。

开先不得纵奇观，缘悭不前如裹足。

行腾欲作游山僧，肚皮何日将箧束。

幸有此泉涟且漪，泥浊不烦歌独独。

信是名山有泉脉，草木为毛土为肉。

我来箕踞古松下，一卷黄庭山中读。

夔魖长啸猱玃惊，风咽林蝉声断续。

日注新向石上煎，清冷不待军持掬。

卧石声松松谡谡，蘧蘧倏报黄粱熟。

呼童且莫闭柴门，饮泉倘有仙家鹿。

戴心亨（1752—1788），字习之，号石士，别号卧禅居士。自幼便聪明异常,因为他的父亲号箧圃,——箧圃者,竹林也。因此别人亲切地称呼他"小竹林"。乾隆二十七年（1762），跟随父亲在白鹿洞书院读书。乾隆三十五年（1770）考中举人，乾隆四十年（1775）考中进士，授翰林院编修。戴心亨虽然已经入仕，但他依然还像在书院时那样勤奋刻苦，钻研学问。乾隆五十二年（1787），担任江南乡试主考，次年又担任湖北学政，在工作上兢兢业业，选拔了众多优秀学子，深受时人称赞。最终因为积劳成疾，卒于任上，年仅三十七岁。戴心亨所作的和诗是：

> 山路辟后杖以竹，苍松万树韵无俗。
>
> 遥望五老如喷玉，瀑布千寻峰百曲。
>
> 返照倒映谽谺谷，谷里纷纷骇红绿。
>
> 归时喜逢清泉二，呼童共引穿我屋。
>
> 栏干低亚暑风溽，流泉阶下乐事足。
>
> 每当亭午人倦时，藤枕一方簟一束。
>
> 潺潺之声与耳谋，宜洗青精劚黄独。
>
> 何当击钵挥玉麈，挪宛啜凉沁骨肉。
>
> 日者东坡喜临流，我今抱卷傍石读。
>
> 前山石溜动复静，山后蝉声断更续。
>
> 浅水清溪不容刀，风微蹴浪鱼可掬。
>
> 更闻琅玕声涩勒，要与松涛和谡谡。
>
> 此次临池学右军，水有墨花书应熟。
>
> 明当拾级望宫亭，木石与居游麋鹿。

戴衢亨（1755—1811），字荷之，号莲士。乾隆二十七年（1762），跟随父亲在白鹿洞书院读书。乾隆三十六年（1771）考中举人。乾隆四十一年（1776）召试天津,列一等,授内阁中书充军机章京。乾隆四十三年（1778），戴衢亨高中状元,授翰林院修撰。先后做过湖北、江南、湖南、顺天乡试考官,担任过山西、湖北、广东学政,官至体仁阁大学士。嘉庆十六年（1811）逝世,终年五十七岁。戴衢亨所作的和诗：

昨日登丘入松竹，坐石如仙静不俗。

有泉琤琤声似玉，不嫌小径羊肠曲。

荷锄引来入空谷，水色临松水更绿。

冷然却似故人至，留之不与出我屋。

斯时三庚暑气溽，临流正当濯吾足。

高林百尺可挂衣，解带溪边刚一束。

更欲持竿到水上，三人同行兴不独。

东坡先生竹最爱，闲居宁可食无肉。

我今爱竹与爱松，一卷南华石上读。

溪边枕石听水声，水声潺潺声断续。

夜来月色临溪中，月在溪水手可掬。

此水与竹成知己，肯亚松声吹谡谡。

辟路引泉二乐兼，我来此处路已熟。

泉悠悠兮清且甘，饮涧遥听鸣山鹿。

戴第元不愧是著名诗人，具有敏锐的审美意识，开辟道路，汲引泉水，为白鹿洞书院增加了新的景观，美化了书院环境。又与戴策元、戴心亨、戴衢亨等题诗唱和，丰富了书院景观的人文内涵。

乾隆二十九年（1764）的一天，戴第元带领弟弟戴策元、长子戴心亨、次子戴衢亨漫步到书院的独对亭，抬头遥望五老峰，只见风光壮美绝俗，于是赋诗一首。《独对亭望五老峰》：

懒瓒痴黄画不成，肯教独对晚峰晴。

摩肩五老如宾主，给级联吟有弟兄。

岭月断云松顶出，涯烟带瀑石门横。

空闻记后风流在，更向栖贤送峡声。

名闻天下的五老峰在夕阳的映照下壮美异常，就连最优秀的画家都无法描摹出来。坐在独对亭中的人们与五老峰遥相呼应，犹如主人与客人神交已久，相谈甚欢。

这是多么惬意的场景啊！

光绪九年（1883），给事中刘瑞祺上奏称白鹿洞书院田产遭侵渔之苦，每年的收入不及一半，以致书院日益颓弛，士子肄业者寥寥无几。光绪皇帝谕令江西巡抚督饬地方官员认真清查田租，整顿书院。在此背景之下，江西学政陈宝琛大力整顿白鹿洞书院。

陈宝琛（1848—1935），字伯潜，号弢庵、陶庵、听水老人，福建闽县人。同治七年（1868）进士，授翰林院编修。迁翰林院侍讲，充日讲起居注官、内阁学士兼礼部侍郎。中法战争后遭贬斥，赋闲25年之久，致力于家乡教育事业。宣统元年（1909）起复，充礼学馆总裁，官至弼德院顾问大臣。著有《沧趣楼诗集》。

光绪九年（1883），陈宝琛出任江西学政，大力整顿白鹿洞书院。第一项重要工作就是解决白鹿洞书院的办学经费问题。

白鹿洞书院经费来源主要依靠学田的收入。自从白鹿洞书院创建以来，学田就面临着不断被侵占的现实困境。因此，历代白鹿洞书院的建设者，包括地方官员、洞主、

陈宝琛

督洞官及社会贤达，通过建立各种制度、采取多种措施来保护书院学田。然而，清代中期以来，吏治败坏，贪腐横行，白鹿洞书院的学田频遭侵蚀，其程度之烈，前所未有。虽然不乏关心书院发展的地方官员清理学田，追缴逋欠，然而学田被侵占的问题却是层出不穷、愈演愈烈。

同治《星子县志》卷七："乾隆五十年后，田租渐亏，洞务稍替。嘉庆九年，大中丞秦承恩，观察阿克当阿，清理洞事及各县田租，捐俸筹款，大加修葺。"秦承恩《重修白鹿洞书院记》记述得更为具体："洞中故有田租亏至七千余两，以至院长修缮有缺，生徒膏火不给，垣坏栋摧，将歌鞠草。"[①] 根据毛德琦《白鹿书院志》所载，清代白鹿洞书院共有学田一千六百余亩，每年所得经费一百八十七两有余。这亏空的七千余两相当于白鹿洞书院近四十年没有田租收入，侵占问题之严重已经到了无法维持的地步。

---

① 吴国富. 新纂白鹿洞书院志［M］. 南昌：江西人民出版社，2015，第80页。

逋欠侵占的弊病，历代都有，然而像清朝嘉庆年间的情况，其根源是吏治大坏，积弊难返，已经无法通过清田亩、追逋欠等措施予以整治。从道光年间开始，各级有志于恢复白鹿洞书院教学活动的官员便采用直接拨付经费的方式，支持书院建设。如道光二年（1822），南康知府狄尚絅向两淮盐运使曾燠请求每年拨付白银八百两作为书院日常经费。道光四年（1824），江西巡抚程含章将每年拨付给白鹿洞书院的经费增加至一千两。但直接拨付经费并非长久之计，特别是太平天国运动之后，地方财政吃紧，无法继续此项支出。

因此，当陈宝琛整顿白鹿洞书院的时候，不得不另辟蹊径，采用货币发商生息的模式获取经费。在清代中后期，随着商业资本的不断发展，将货币资金发交盐商、典当行等商业主体，按期收取利息，成为获取经费的重要手段。陈宝琛因时制宜，奏请拨付官银一万一千两，其中一千两作为白鹿洞书院的修缮费用，其余一万两存入典当行产生利息，作为白鹿洞书院的教育经费。

陈宝琛整顿白鹿洞书院的第二项重要工作是聘请谢章铤担任洞主。谢章铤，字枚如，福建长乐人。光绪三年（1877）进士，不乐仕进，以讲学为业。光绪九年（1883）应陈宝琛延请，出任白鹿洞书院洞主。谢章铤在白鹿洞书院讲授程朱理学，主张"学不在规行矩步，在以气节为归宿"，教人以"知耻为立学之本"。他在《兴国胡生明蕴归应科试出箧求书》诗中勉励学子"黾勉性情地，不让古人独。万事悟方寸，耿耿对明烛"。在《黄生友兰告归安义以诗来别答之》中告诫学子"积学能成须酝酿，传人得力在艰辛"。在谢章铤的倡导之下，白鹿洞书院生机勃勃，弦歌不绝，学风纯正，成效明显。

陈宝箴整顿白鹿洞书院的第三项重要工作是选拔优秀学子。白鹿洞书院的招生方式主要有两种，一种是调送，一种是甄别。

调送是指巡抚或学政等官员在岁试、科试或其他考试中发现具有培育潜力的学生，下令直接送入书院学习的招生方式。陈宝琛认为"书院，学校中之最尊贵者"，应当"拔取天下之尤异，聚之学校；复遴选学校之尤异，归之书院"，于是将江西全省各学校中的优秀学子调送至白鹿洞书院进行深造。

甄别也称考录、收录，一般由各府州县官员或书院山长组织考试，以学生考试成绩和道德品质为衡量标准进行招生的方式。白鹿洞书院的甄别考录主要由南康知府组织实施。到清朝末年的时候，考试作弊、投机钻营、请托说项等情况越来越突出，白鹿洞书院根本就无法招收优秀生源，只能沦为无耻学子攫取津贴和奖金的场所。陈宝琛洞悉其中弊病，于是亲自主持考试，甄别学生，《申报》报道说："向例每年书院甄别归南康府尊考取，不无钻营送名条等弊，陈文宗深知各情，锐意整顿，札饬南康府将甄别文卷汇齐，解送行辕阅看，评定甲乙后，寄往书院发榜。三月二十七日揭晓，所取皆知名宿学。"[1] 陈宝琛选拔优秀学子，为白鹿洞书院教学质量的提升打下了坚实的基础。

通过解决办学经费、聘请洞主、选拔学子等措施，白鹿洞书院蒸蒸日上，重现历史辉煌。陈宝琛视察书院，"谒山长，接见生徒，见其规模初具，气象维新"。《申报》也报道称："去秋学宪陈伯潜阁学捐款修葺，聘请谢枚如先生主讲席，调送各府县高才生肄业其中，弦诵鼓歌，洋洋盈耳。"

然而好景不长，光绪十年（1884）五月，就在白鹿洞书院的整顿工作初见成效，教学工作步入正轨的时候，陈宝琛奉命调任，会办南洋军务。陈宝琛深知此时的白鹿洞书院问题重重，稍有不慎，将会重蹈覆辙，再次沉沦。因此，他借着为白鹿洞书院撰写碑记的机会，阐明自己的观点，表达自己的关切。陈宝琛在《重修白鹿洞书院碑记》中指出"书院者,经明行修之区，而非以图利者也"。书院是选拔优秀学子学习儒家经典、践行儒家道德的地方。但现实的情况是"官博宽大之名，以人多为贵，院长率以请托为去就，诸生则希冀餐钱，不自省其学业之何如。鹿洞虽为四大书院之一，亦何怪

① 鹿洞储方［N］.申报，1884–05–28.

其陵夷至此哉！”不论是地方官员，还是洞主，抑或是学子，众人都希望从书院中获得名利，根本不去考虑学业情况，难怪白鹿洞书院会沦落至此。陈宝琛正是看到其根本问题，所以才“远延名师，且召各学高等与甄别入选者同授业，庶几拔十得五，讲明大义而知所以为学、所以为人”，才有如今“规模初具，气象维新”的良好局面。陈宝琛希望继任者能够明白他的苦心，选拔真正有才德的学子，及时开除顽劣的学子，全力支持洞主开展教学活动。“院长有教士之责，而每苦于力之不及，稂莠不去，嘉禾不殖，则所以整齐划一者，非官不行，后之君子尚宜加之意哉”。[1]

令人遗憾的是，陈宝琛离开之后，继任者并未延续他的政策，以致书院中混入顽劣学子，无人管理，使得谢章铤的处境变得尴尬起来，最终不得不辞职离开。光绪十年（1884）十一月十六日《申报》报道：“阁学奉命会办南洋军务，躔其事者不能加意整顿，加之肄业诸生类多粗鄙，唇枪舌剑，时有所闻，几欲以讲文之地，为演武之场。十月间，山长解馆前数日，竟敢遍黏匿名揭帖，肆意诋諆。似此江湖日下，无人重定章程，恐数百年讲学之区，将渐成桀骜难驯之习矣。”[2]谢章铤自光绪九年秋担任白鹿洞书院洞主，至光绪十年十月辞职，仅仅一年，黯然离场。

“稂莠不去，嘉禾不殖”，陈宝琛的叮咛嘱咐无人理会，他的担心最终变成了现实。他曾经呕心沥血，大力整顿书院事务，迎来了白鹿洞在科举时代的最后一抹荣光，却转瞬即逝，令人徒唤奈何！

---

① 孙家骅，李科友. 白鹿洞书院碑刻摩崖选集［M］. 北京：北京燕山出版社，1994，第 19 页。
② 鹿洞近闻［N］. 申报，1884–11–16.

参考书目

[1] 李梦阳，等．白鹿洞书院古志五种［M］．北京：中华书局，1995.

[2] 孙家骅，李科友．白鹿洞书院碑刻摩崖选集［M］．北京：北京燕山出版社，1994.

[3] 吴国富．新纂白鹿洞书院志［M］．南昌：江西人民出版社，2015.

[4] 邓洪波．中国书院史（增订版）［M］．武汉：武汉大学出版社，2012.

[5] 滑红彬．白鹿洞书院文化研究［M］．南昌：江西高校出版社，2022.

[6] 高峰，付柳青．白鹿洞书院师友传［M］．南昌：江西高校出版社，2019.

[7] 闵正国．白鹿洞书院洞主传［M］．南昌：江西高校出版社，2019.

[8] 邱婷．白鹿洞书院诸生传［M］．南昌：江西高校出版社，2019.

[9] 董诰，等．全唐文［M］．上海：上海古籍出版社，1990.

[10] 吴宗慈．庐山志［M］．南昌：江西人民出版社，1996.

[11] 马令，陆游．南唐书两种［M］．南京：南京出版社，2020.

[12] 黄宗羲．宋元学案［M］．北京：中华书局，1986.

[13] 黄宗羲．明儒学案［M］．北京：中华书局，2008.

[14] 吴国富．庐山与明代思潮［M］．南昌：江西人民出版社，2014.

[15] 富路特，房兆楹．明代名人传［M］．北京：北京时代华文书局，2015.

［16］朱熹．朱子全书［M］．上海：上海古籍出版社，2002.

［17］张立文．朱熹评传［M］．南京：南京大学出版社，2011.

［18］陆九渊．陆九渊集［M］．北京：中华书局，2020.

［19］祁润兴．陆九渊评传［M］．南京：南京大学出版社，1998.

［20］胡居仁．胡居仁文集［M］．冯会明,点校．南昌:江西人民出版社，
2013.

［21］郝润华．李梦阳集校笺［M］．北京：中华书局，2020.

［22］吴光，等．王阳明全集［M］．杭州：浙江古籍出版社，2011.

［23］龚晓康，等．王阳明年谱辑存［M］．贵阳：贵州大学出版社，
2018.

［24］束景南．阳明大传［M］．上海：复旦大学出版社，2020.

［25］黎业明．湛若水年谱［M］．上海：上海古籍出版社，2009.

［26］方祖猷．王畿评传［M］．南京：南京大学出版社，2001.